_____ 님께 드립니다.

우리 산하에 인문학을 입히다

이야기 길 따라 걷는 시간 여행

홍인희 지음

교보문고

이야기의 병풍을 펼치며

《우리 산하에 인문학을 입히다》 시리즈를 출간한 지 수년이 흘렀다. 당시 '청소년 추천도서'에 선정되는 등 주목과 함께, 과분한 평가를 받았다. 이를 계기로 수백 차례의 초청 강연 및 국내외 역사 탐방을 진행하거나, 방송 출연과 신문기고 등을 통해 많은 분들을 만나고 다채로운 경험도 쌓을 수 있었다.

그러한 과정이 거듭될수록 슬몃슬몃 다가오는 소회는 '나는 얼마나 모르고 있는가?'라는 자성의 소리요, '세상에 소홀하게 다루어질 것은 하나도 없다'는 《명심보감》(성심편)의 교훈이었다.

스스로 부족하다는 고백은 더 많이 알고 채우려는 의욕을 불러왔고, 자연스레 각별한 애정과 깨우침으로 이어지기도 하였다. 조선 후기 문장가인 유한준의 금언이 이를 정확히 대변하고 있다.

"알면 진정 사랑하게 되고知則爲眞愛/ 사랑하면 그때는 진실로 보이리라愛則爲眞看."

가르침은 배움의 또 다른 이름이었다. 여러 인문학 활동을 통해 다양한 분들과 이루어진 교감은 새로운 통찰과 영감의 원천이 되어주었고, 때로는 아주 특별한 감동을 불러오기도 했으니 말이다.

그중에서도 특히 한 재미 교포가 기억에 남았다. 대학을 졸업한 뒤 유학을 간 그는 미국에 터를 잡아 약 30년째 살고 있다. 그리고 매년 수개월의 기간을 입국해 고국의 산하를 돌아보는 것을 크나큰 즐거움으로 삼고 있다고 했다. 마침 인연이 되어 내가 진행하던 인문학 탐방 프로그램에 몇 차례 참여하고는, 뉴욕으로 돌아가기 전 마음속에 담긴 말을 털어놓았다.

"오랫동안 살펴보니, 미국인들은 200여 년에 불과한 역사 속에서도 무언가를 끊임없이 찾아내 선양하거나 새로운 문화 콘텐츠로 탈바꿈시켜 나가는 데 비하면, 5000년의 면면한 성상을 이어온 한국인들은 자기의 소중한 과거에 너무 둔감한 듯합니다."

그의 이야기를 듣고 나 또한 느끼는 바가 있어 이번 책에서는 우리가 주변에서 흔히 접하거나 익숙해져 있는 20개의 소재를 선정해 다시 살펴보는 계기로 삼았다.

신라의 천년사직을 바칠 수밖에 없었던 경순왕의 고뇌, 고려 패망의 참담한 뒤안길, 조선의 세종과 정조의 이면적 발자취와 함께, 사상과 정파적인 대립각 속에서도 지켜내려 했던 사대부들의 속 깊은 우정, 오랜 유배의 나락에서 불멸의 족적을 남긴 다산 정약용과 추사 김정희의 고단한 생애 등 역사 속 다양한 이야기를 담았다.

이름을 널리 알린 사람들만이 아니다. 비천한 신분으로 각고의 노력 끝에 금자탑을 쌓은 어느 도공과 사당패의 질곡의 삶, 자신에게 할당된 산삼을 구해 바치느라 심산유곡을 헤매던 민초들의 애환은 가슴이 먹먹해지는 시간 여행 소재다.

고난의 세월 속에서, 한민족의 얼과 혼을 상징하게 된 아리랑과 무궁화, 우리의 자랑스러운 세계기록유산인 《조선왕조실록》을 둘러싼 가슴 뭉클한 사연들도 담고자 했다.

이 책은 모든 사람들이 편하게 읽을 수 있도록 하는 데 초점을 두었다. 어떤 사실의 진위 여부를 규명하거나 논증하기 위한 학술적 차원과는 다소 거리가 있다. 역사 속 다양한 이야기를 두루 접할 수 있으면서 이를 쉽게 이해할 수 있도록 하려고 애썼다.

이제 중국의 장강이 그렇듯, 태백산맥의 어느 궁벽한 골짜기에서 발원해 두물머리에서 한 몸이 되고 급기야 서해에 이르는 한강의 유장한 물줄기처럼, 얽히고설키고 굽이치는 그 이야기들의 깊은 속살을 헤쳐보고자 한다.

많은 분들의 후원과 조언, 가르침이 있었다. 깊이 간직할 일이다. 집필 방향을 같이 고민해준 대구교육대학교 성용구 교수, 《주역》 등 경전 해석의 자문에 노고를 아끼지 않으신 김성욱 선생과 다채로운 이미지를 제공해주신 김정현 님과 권경현 님, 김성찬 님, 백승덕 님, 김웅연 군에게 고마움을 전한다. 한편 여러 부류의 독자들에게 건강한 자양분을 담은 양서良書가 될 수 있도록 기획과 편집에 심혈을 기울여 주신 ㈜교보문고 관계자들께도 각별한 사의를 표한다.

　원고를 힘겹게 채워나가는 동안, 툭하면 서재로 엉금엉금 기어 들어와 같이 놀아달라고 칭얼거리던 해린海麟이의 사랑스런 모습이 눈에 선하다. 모쪼록 예쁘고 건강하게 무럭무럭 자라길 소망하며….

2019년 9월 1일

홍인희

차례

서문 • 이야기의 병풍을 펼치며 4

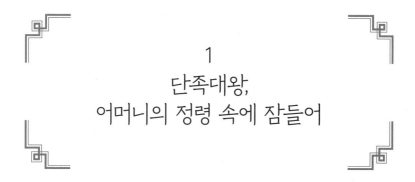

1
단족대왕,
어머니의 정령 속에 잠들어

　여주는 경기도에서도 동남쪽에 빗겨나 있어 지역 세가 그리 크지 않은 도시다. 인구가 11만여 명에 달하는 가운데, 시 승격 또한 6년 전 경기도의 31개 시·군 중 28번째로 막차를 탔다. 그러나 이처럼 비교적 지역의 규모가 왜소한 듯 보이는 것과는 달리 이 고장을 품고 있는 수려한 산하는 물론이요, 거기에 깃든 역사와 문화적 알맹이 또한 전국 어디에 뒤지지 않는다.

　일찍이 19세기의 학자 이중환은 대표적 인문지리서인 《택리지》에서 여주를 비롯해 평양과 춘천을 우리나라의 강가 마을 중 3대 낙지樂地로 내세운 바 있다. 유장하고 도도한 물줄기인 여강驪江이 고장을 휘감고 있어 주변 경관이 빼어난 데다 그 시절에는 고속도로 역할을 하던 수로 이용에 따른 다양한 혜택을 높이 산 이유였으리라.

여기서 말하는 여강은 강원도에서 발원한 남한강을 여주 일원에서 이르는 지역적 개념이다. 마치 중국에서 최장이요, 세계적으로도 세 번째로 긴 강인 장강長江을 중국 강소성 양주 지역에서는 양쯔강揚子江 이라고 부르는 것과 다르지 않다.

본디 우리의 한강이라는 이름도 이 양쯔강의 커다란 지류를 일컫는 말로, 옛날 백제가 중국 동진과 교류하는 과정에서 한수漢水라는 말이 전해온 이래 오랜 세월 한수 또는 한강으로 불려왔다. 그런 연유로 '대한민국의 강'을 뜻하는 한강韓江이 아니고, 중국 한漢나라와 결부된 한 강漢江으로 쓰이고 있음은 유감이다.

이처럼 가히 한국의 양쯔강이라 칭할 만한 여강이 '검은 말의 강'이라는 뜻이니 이상하다. 이를 해석하려면 관련된 구비전승에 대한 이해가 필요하다. 이곳 여주에는 마암에 얽힌 이야기가 전해온다.

통일신라 시대 남한강, 즉 여강 가에서 용의 형상을 한 말들이 물 위로 솟아올랐는데, 황색과 검은색의 두 마리였다. 으레 그렇듯이 말 위에는 현자 또는 선인들이 타고 있었다는 등 조금은 변형된 버전도

여주의 지명 유래와 여흥 민씨 탄생 설화뿐이 아니다. 강 건너 자리한 천년고찰도 '거칠게 날뛰는 용마를 어느 도승이 신력神力으로 고삐勒를 잡아 다스렸다'는 뜻으로 신륵사라 했으니, 가히 이 고장 신화가 응축된 현장이다.

있다. 그로부터 이 고을은 고구려 때의 골내근현骨乃斤縣에서 황효현黃驍縣, 황려현黃驪縣 등으로 고쳐 불렸고, 여흥驪興이란 지명이 여기서 비롯되었다는 내용이다. 그 말들의 출현지로 알려진 강가 벼랑의 암벽에는 조선 후기에 새겨진 것으로 보이는 '마암馬巖'이라는 각자가 여전히 또렷하다.

여기에 또 하나, 여주를 관향으로 하는 대표 성씨인 여흥 민씨의 시조가 이 마암의 구멍에서 나왔다는 믿음이 전해오고 있으니 그 문중의 탄생지이기도 하다. 말馬은 본디 충직, 의리, 정력, 풍요, 벽사를 상징하는 상서로운 동물로 여겨져 왔다.

그 때문일까. 조선조 내내 걸출한 인물들과 특히, 태종의 비 원경왕후를 시작으로 순종의 비인 순명효 황후까지 왕실의 안주인을 네 명씩이나 배출했다.

말의 모습을 갖춘 황룡과 흑룡이 남한강의 새털 같은 물안개 사이로 뛰어오르는 상상력이 펼쳐지는 곳이니 의당 이를 즐길 만한 풍류의 장소가 하나쯤은 있을 법하다. 이것이 '경기도 서쪽에서 가장 빼어난 누각'이라는 의미를 가진 기좌제일루畿左第一樓로, 오랫동안 여주 관아의 정문으로 사용되어 왔다. 그러나 일제강점기인 1925년 지금의 자리로 옮겨지고, 이름도 '영월루迎月樓'로 바뀌어 쉼 없이 흐르는 물결 위로 흩뿌려지는 은색 달빛을 맞고 있다. 일찍이 고려의 대표 문객이자 여주 이씨인 이규보는 고향의 정경에 취해 더 이상 바랄 것 없다는 듯한 심경을 토해낸다.

두 마리 말이 이 강가 언저리에서 나왔다네 雙馬權奇出水涯

고을 이름도 이를 좇아 황려라고 했다지 縣名從此得黃驪

문사들이야 진위를 번거로이 다투기도 하지만 詩人好古煩徵詰

물 위를 오가는 늙은 어부야 이를 어찌 알리요 往來漁翁豈自知

이 영월루 모퉁이에는 여주 지역을 거쳐 간 벼슬아치들을 기리는, 이른바 선정비 등이 즐비하다. 이 중 단연 눈길을 사로잡는 것은 장 소사張召史열녀비다. 1636년 병자호란 와중에서 여주 관아에 소속된 어느 벼슬아치의 아내인 장 여인이 청의 군사들에게 끌려갈 위급한 상황이 되자, 이곳 마암의 절벽에서 여강으로 투신했는데 후대에 그 절개를 기리기 위해 세웠다는 사연을 갖고 있다.

소사召史란 흔히 접하는 말이 아니라서 다소 생소하다. 옛 여인들, 특히 과부를 점잖게 부르던 이두 '조이'를 한자식으로 표현한 일반적 호칭이다.

용인에 사는 이 소사가 상언하기를 "죄를 짓고 죽은 제 남편 행임은 경신년에 무너지고 터져나가는 참혹한 변을 당했습니다" 龍仁李召史 上言以爲, 渠夫罪死臣行恁, 當庚申崩拆之變. 《순조실록》 1809년 9월 21일

여기에 등장하는 윤행임이 조선 후기에 이조참판, 전라도 관찰사 등을 지낸 중신이었음을 떠올려보면, 소사라는 말이 양인 등 신분이

낮은 일부 계층에게만 쓰였다는 세간의 해석은 사실과 조금 거리가 있어 보인다.

또한, 오늘날 우리가 홀로된 여인에 대해 무심코 쓰는 '미망인未亡人'이란 표현도 '남편이 죽었으나 따라 죽지 못하고 사는 사람'이라는 의미로, 과거에 당사자 스스로가 자신을 낮추는 데 썼던 말이지 '소사召史'처럼 다른 사람을 가리키는 데 사용하는 것은 대단한 결례가 아니었을까 싶다.

이러한 여주 지역에 흩어져 있는 인문적 콘텐츠의 방점은 뭐니 뭐니 해도 이곳에 잠들어 있는 세종 대왕이다. 조선의 제왕 27명 중 명군 또는 현군을 넘어 성군聖君으로 칭송받기에 전혀 부자연스럽지 않은 유일한 임금이다. 마치 충무공 이순신 장군을 우리 역사에 등장하는 수많은 무인 중 영웅의 반열을 넘어서 성웅聖雄으로 받드는 데 주저함이 없는 것과 같은 맥락이다.

그렇다면, '성스럽다, 거룩하다'는 후대의 평은 어디서 비롯되는가?

한자 성聖은 귀耳와 '나타내다'는 의미의 정呈으로 이루어져 있다. 연상력을 조금 발동해보면, '귀를 열어 잘 들음으로써 사물의 이치에 통달하고 이를 세상밖에 펼쳐 나타내는 것' 정도로 풀이된다. 결국 그 시작은 '귀담아듣기, 소통하기'에 있다 할 것이다.

여기서 다시 세종의 치적을 열거하는 것은 동어 반복이요, 중언부언이다. 다만 그 내용에 대한 압축적 평가가 있다. 1983년 이토 슌타로, 야마다 게이지 등 일본의 저명한 과학사학자들이 펴낸《과학사기술사 사전》에 따르면, 지난 15세기 전반기의 세계 최고 기술 62건 중 중국이 5건, 일본 0, 유럽 등이 28건이고, 나머지 29건을 조선이 보유했다고 하니, 현대적 관점에서 보면 해당 분야 노벨상의 47%를 차지했다는 셈이다. 이러한 쾌거의 바닥에는 신분과 진영논리를 넘어 인재를 등용하려는 혁신적 사고가 자리하고 있다.

엄혹한 봉건왕조 시절, 아버지 태종이 발탁한 관노 장영실을 종삼품의 대호군에 중용하는가 하면, 자신의 즉위를 반대했던 황희를 24년간이나 정승 자리에 앉히는 등 파격적인 적재적소의 인사 정책을 펼쳤다.

한편으로는 '소통의 달인'다운 면모를 유감없이 발휘했다. 이 또한 반대파의 논리마저 귀하게 담아내려는 인내력에 기초하고 있다.

《조선왕조실록》에서 임금들이 화를 낸 횟수를 살펴보면 영조 151회, 태종 97회인데 비해 세종은 19회이니, 재위 기간을 고려하더라도 2년에 한 번꼴로 다른 왕들과 비교해 현격한 차이가 있음을 알 수 있다.

세종에게는 허조許稠와 고약해高若海라는 두 명의 골치 아픈 신하가 있었다. 허조는 조정에서 중요 정책과 사안이 거론될 때마다 소수 의견을 제시하면서 임금 또는 중론에 맞서는 반대논리를 전개한 인물이다. 이로 인해 세종으로부터 '고집불통'이라는 별명까지 얻었지만 결국 정승에 중용되었는데, 임종을 앞두고 남겼다는 소회가 그의 본심을 잘 드러내고 있다.

"태평한 시대에 나서 태평한 세상에 죽으니, 천지간에 굽어보고 쳐다보아도 홀로 부끄러운 것이 없다… 내 나이 일흔이 넘었고, 지위가 정승에 이르렀는데 그간 성상聖上의 은총을 만나 간언하면 행하시고 말하면 들어주시었으니, 죽어도 유한遺恨이 없다." 《세종실록》 1439년 12월 28일

대사헌까지 올랐던 고약해는 한술 더 뜬다. 고집스럽게 원리원칙을 내세워 임금에게 대들다시피 하다가는 감정에 못 이겨 눈을 부라리거나, 휑하니 자리를 뜨기도 했다. 오죽하면 세종이 반기를 드는 일부 신하들을 일러 '고약해 같은 놈'이라 했고, 이것이 오늘날 '고약하다'는 말의 유래로 전해온다고 하겠는가? 하나 부음을 듣고 조치하는 장면을 보면 군신 간의 도타운 정이 온전하기만 하다.

하루 조회를 파한 후 조의와 부의를 보내시고 시호를 '정혜貞惠'라 하니, 숨기거나 굽힘 없음이 정貞이요, 너그럽고 인자한 것이 혜惠다. 약해若海는 성품이 고상하고 흉중이 넓어, 사소한 절개를 지키는 것보다 임금에게 충간하는 일을 자신의 임무로 삼았는데 때로는 직위를 벗어나 말하기도 했다. 《세종실록》 1443년 1월 7일

결국 세종은 일찍이 국정에서 의사를 결정할 때 "지당하시옵니다" 일색이 가져오는 '집단사고'의 폐해를 물리치고, 다양한 관점들을 두

"위징이 지금껏 살아 있었다면 내게 이런 무모한 일 (고구려 원정)은 못하도록 했을 것이다."(魏徵若在 不使我 有是征也) / 위징은 당 태종에게 충직한 신하요, 국정 운영의 나침반이자 정신적 의지처였다.

루 짚어내 건강한 결론에 도달하게 하려는 '집단지성'의 중요성을 간파하고 있었던 것이다. 마치 중세 시대 교황청의 성인 추대 과정에서 의도적으로라도 후보자의 약점을 들추어내 부결시키는 역할을 맡았던 '악마의 변호인devil's advocate'을 떠올리게 한다.

이러한 언로의 개방성은 중국의 걸출한 황제들의 치세에서도 잘 나타나 있다. 중국 역사상 최고의 천자로 받들어지는 당 태종의 치세, 이른바 '정관의 치貞觀之治' 뒤에는 쓴소리의 제왕으로 일컬어지는 위징의 견제와 충언이 있었다. 태종이 즉위한 직후 "황제가 현명해지거나 아둔해지는 것은 무엇 때문인가?"라고 묻자, "의견을 두루 들으면 밝아지고, 편협하게 듣고 믿으면 어두워질 것兼聽則明 偏信則暗"이라며 당 태종의 소통정책을 이끈 인물이다. 그가 죽자 태종은 자신의 모습과 허물을 비추는 청동거울, 역사거울, 사람거울 중 하나를 잃었다며 통곡한다.

당 태종의 증손자인 현종도 양귀비와의 로맨스로만 기억되기 십상이지만, 재위 전반부는 '정관의 치'에 견주어 '개원의 치開元之治'로 평가받을 만큼 선정을 펼쳤다. 그 이면에는 여지없이 한휴라는 충직한 인물의 간언이 있었고, 현종 또한 이를 매우 중히 여겼다. 어느 날 현종이 누적된 피로로 힘들어하자, 신하들의 아부가 이어진다. "즉위하신 이후 과중한 업무로 몹시 수척해지셨습니다. 폐하를 국정으로만 몰아붙이고 있는 한휴의 탓이니 내치십시오." 이에 대한 현종의 비답은 간명하다. "군주가 여위는 만큼 천하는 살찔 것이다君瘦天下肥."

앞에서 살펴본 세종이 보여준 진정한 소통의 정치는 무엇을 위한 것인가? 전제왕권 강화도, 효율적인 국정 장악도, 신하들의 충성심 유발도 아닌, 지극한 애민정신에서 나온 것이었다. 정치의 모토는《서경》에서 말하는 '생생지락生生之樂'이었다. 모든 백성이 세상에 태어나 자기 생업을 갖고 살아가는 것을 기쁨으로 알게 하고 싶었던 것이다. 여기에는 신분의 고하나 직업의 귀천이 있을 수 없었다.

그러기에, 일주일이던 관비의 출산 휴가를 130일로 늘리고 그 남편에게는 30일의 동반 휴가를 주는가 하면, 장애인들에게도 일자리를 만들어주고 벼슬까지 내리곤 했는데, 사실 앞에서 언급한 재상 허조 또한 척추 장애인이었다.

이뿐만이 아니다. 남녀가 유별하던 시절, 시골 여인들이 남자 의원에게 진찰받는 것을 꺼려 죽는 사례가 많다는 보고를 접하고는 의녀들을 양성해 각 지방으로 내려보내거나, 심지어 수감된 죄수들에게는 여름철 귀하디귀한 얼음을 넣어주어 더위를 이기도록 하는 등 특히 사회적 소외계층에 각별한 관심을 보였다. 이는 오늘날 종종 시비의 대상이 되는 정치적 포퓰리즘이나 통치자로서의 시혜감, 또는 단순한 동정심이 아니다. 천부인권 의식에서 나오는 보편적 인간애요, 지도

자로서 성스러운 사명감의 발로인 것이었다.

> 임금의 직분은 하늘의 뜻을 대신해 만물을 다스리는 일이다.
>
> 《세종실록》 1427년
>
> 노비는 비록 천민이지만 이들 또한 하늘이 낳은 백성이다.
>
> 《세종실록》 1444년

이처럼 생전에 수많은 감동의 정치를 펼쳤던 세종은 지금 여주 땅에 잠들어 있다. 그러한 이유로 이 고장은 온통 세종을 기리는 테마로 수 놓여 있다. 거리는 물론이요, 다리·학교·도서관·천문대·음식점 이름 등에 세종을 앞세우고 있고, 재래시장인 '한글시장'과 고속도로 휴게소의 '한글마당'도 이채롭다.

세종의 묘인 영릉英陵은 알려진 대로 천장릉이다. 본래의 능묘는 당시 광주군, 지금의 강남구 서초동 헌인릉 일원에 있었다. 그러나 세종을 이은 문종이 단명하고 단종이 주살되는가 하면 세조의 맏아들 의경 세자 또한 일찍 세상을 뜨자, 세종과 소헌 왕후의 묘가 능침에 물이 드는 등 흉지이기 때문이라는 지적이 나오면서 결국 예종 1년인 1469년 여주로 천장되어 오늘에 이른다.

능자리는 원래 세조 시절 우의정을 지낸 이인손이 안장된 곳이었다. 예종은 '더할 나위없는 길지'라는 보고를 받고는 후손들을 종용해 이내 자리를 양보받기에 이르는데, 천장 작업을 하던 중 광중壙中: 시신이

놓이는 무덤의 구덩이 부분을 이르는 말에서 '3년 동안은 권세가가 머무를 자리이겠으나, 결국은 다리가 짧은 대왕이 영면할 곳이니라三年 權操之地 短足大王 永窀之地'는 도선국사의 비밀스러운 기록이 발견되었다는 신묘한 이야기도 전해온다.

세종은 극심한 안질·풍병·조갈증당뇨에다, 특히 각기병으로 인해 다리를 절룩거리며 걸어야 할 정도여서 지팡이에 의존하고 있었으니, 이를 일러 '다리가 짧은 대왕短足大王'이라고 은유적으로 표현한 듯하다.

> 임금이 승지들에게 이르기를 "내가 온천에 두 번 갔었는데 민폐가 많은 듯해 그만두려 했으나 너희와 대신들이 나서 가기를 청하고 나 또한 다리 아픈 병이 있어 마지못해 가려 하니, 내 뜻을 헤아려 일체 폐단이 없도록 조치하라." 《세종실록》 1443년 2월 28일

한편 세종이 영면하고 있는 영릉의 풍수적 해석 또한 하늘의 신선이 내려앉은 형세天仙誕降形라거나, 용이 승천하는 모습飛龍昇天形, 용이 내려오다 돌아보는 지세回龍顧祖形, 임금과 신하가 조회를 하는 형상君臣朝會形 등 상찬 일색이다. 하기야 조선 최고

《맹자》는 "하늘의 운수라 해도 땅의 이로움만 못하고, 그 또한 인간의 화목에는 미치지 못한다.(天時地利人和)"고 설파하고 있다. 영릉이 최고의 명당으로 불리는 것도 그 주인이 세종 대왕이었기에 가능한 일이 아닐까?

의 명당으로 평가받고 있음을 보면 그럴 만도 하다.

나는 여기에 또 하나의 큰 의미를 부여하고 싶다. 여주는 어머니 원경 왕후의 관향, 곧 뿌리에 해당하는 고을로 세종의 외향이다. 결국 그곳으로 다시 돌아간 격임을 떠올려본다면 이 또한 화려한 수식 못 지않은 명당의 참뜻이 될 것이다. 통상 일컫기를 '어머니의 품속 같은 자리'를 최고의 길지로 여기지 않던가?

더구나 세종은 재위 시절에도 여주의 명승고찰이요, 후에 자신의 명복을 비는 원찰願刹이 된 신륵사를 세 번씩이나 다녀갔다고 하니, 이미 그때마다 어머니 원경 왕후의 숨결을 느꼈을 것이고, 이것이 한양에서 육로로 180여 리나 되는 외곽에 능찰을 잡은 이유 중 하나가 되지 않았을까 싶다. 결국 어머니의 정령이 깃든 땅에 잠들어 있기에 더 없는 안식처라는 생각에 미치는데, 세인들은 세종 대왕릉이 이러한 명당에 자리한 의미를 다음과 같이 상징화한다.

이 영릉으로 인해 조선왕조의 수명이 100년은 더 늘어날 수 있었다 英陵加百年.

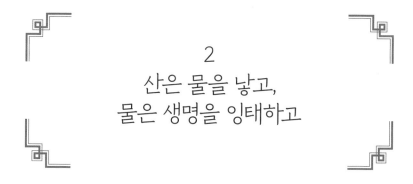

2
산은 물을 낳고,
물은 생명을 잉태하고

경기도의 31개 시·군 중 면적이 가장 커 서울시의 1.4배에 달하는 양평은 물의 고장이다. 동국여지승람은 이 지역을 일러 '왼쪽으로 용문산에 기대어 있고, 오른쪽으로 호수를 베개 삼았다左居龍門 右枕湖'고 압축적으로 묘사하고 있지만, 많은 사람들이 떠올리는 대표 이미지는 양수리, 두물머리, 팔당호 등으로 상징되는 '물'이다.

그도 그럴 것이 수도권 젖줄의 본류인 한강이 명실상부하게 이곳에서 비로소 하나로 통합을 이루기 때문이다. 남한강은 태백산 검룡소와 오대산 우통수에서 발원해 영월·단양·충주·원주·여주 등을 거쳐 이르고, 북한강은 금강산 단발령을 출발해 화천·춘천·가평 등을 지나 여기서 한 몸을 만들어낸다. 요컨대 남한강과 북한강이 긴 여정을 굽이굽이 돌아 합류하는 지점인 것이다.

　이렇듯 국토의 허리를 두르고 달려온 두 물줄기가 어우러져 불세정不世情, 곧 사바세계에는 없을 법한 절경을 연출하고 있으니 많은 이들의 감탄이 연발한다. 멈출 듯 흘러가는 물결 위로 피어오르는 물안개와 어둠이 내려앉을 무렵의 낙조는 가히 몽환夢幻이다. 이러한 서정을 카메라와 캔버스에 담으려는 발길이 분주하고, 대중 매체의 사랑과 이별의 장면으로도 단골이다. 사정이 이러하니 이곳 '두물경'이 국토해양부가 선정한 한강 유역의 명소 여덟 곳 중 제1경을 차지한 것은 지극히 자연스러운 일이리라.

　두물머리 마을은 100여 년 전만 해도 남·북한강의 상류로부터 물길을 따라온 뗏꾼과 길손들이 한양으로 들어가기에 앞서 마지막 밤을 지내곤 하던 곳이었다. 자연스레 하루를 유숙하던 주막집이 즐비하고 여기에 터 잡고 사는 이들도 많아 제법 북적이던 장소였는데, 오늘날에는 그 일대에 카페와 음식점들이 포진해 있다. 결국 성격만 달라졌을 뿐, 예나 지금이나 사람들로 붐비기는 매한가지인 셈이다.

　그 많은 사람 중에 언뜻 떠오르는 인물이 있다. 이곳의 정기를 받고 태어나 별호를 열수洌水, 곧 한강으로도 삼았던 다산 정약용이다. 조선 후기 실학과 지성의 최고봉에 올랐건만, 암울한 시대는 그의 생애를 질곡과 어둠으로 내몰았다. 그 어둠의 한편에서 읊조렸을 법한 〈밤夜〉이라는 시 한 수가 《귀전시초歸田詩草》에 실려 가슴을 먹먹하게 한다.

19세기 석범 이건필(상)과 21세기 운정 조연수 화백(하)이 그린 두물머리 풍경. 상류로부터 떠내려온 뗏목과 떼꾼들로 북적이던 주막집, 고기잡이로 생계를 꾸리던 어부는 어느덧 사라졌지만 두 물줄기가 빚어내는 풍광은 여전히 압권이다.

강가 마을에는 어둠이 내려앉고 黯黯江村暮

성긴 울타리 너머로 개 짖는 소리 疏籬帶犬聲

차디찬 물결 위 별빛마저 어지럽지만 水寒星不靜

산이 멀리 있으니 눈빛은 밝기만 한데 山遠雪猶明

먹고사는 일에 대한 묘책은 없되 謀食無長策

서책을 가까이할 작은 등잔 하나는 있지 親書有短檠

깊은 시름은 여전히 떠날 줄을 모르네 幽憂耿未已

어떻게 이 생애를 마무리해야 할는지 何以了平生

물은 인간 여정의 시작이요 끝이다. 어머니의 양수에서 처음으로 생명이 키워져 임종에 앞서 물飮을 끊음으로써 멸한다. 음식이 아닌 '식음을 전폐한다'는 말이 여기서 비롯한다. 한편 동洞이란 한자의 의미도 같은 물을 먹는 사람들이 모여 사는 곳이요 '같은 물을 먹으면 같은 생각을 하고 물이 다르면 생각도 다르다同水同想 異水異想'고 했으니, 하나의 민족이 갖는 동질성도 여기에 비롯되는 바가 크다. 이처럼 인간의 삶과 물은 긴밀한 관계에 있기에 고금古今과 동서東西를 넘어 '물'을 둘러싼 역사와 신화적 이야기는 끝을 보이지 않는다.

우선 우리의 경우를 살펴보면, 태양과 더불어 물은 생명의 근원이요 출생의 원천이라는 인식이 널리 퍼져 있었음을 볼 수 있다. 고구려 시조인 주몽은 어머니 유화 부인이 물의 신 하백의 딸이었던 데다, 부여를 탈출해 쫓기던 그가 쑹화강 가에 이르러, "나는 하늘의 아들이요, 물의 신 하백의 외손자다"라고 외치자 자라와 거북이들이 물 위로 떠올라 이를 딛고 무사히 강을 건너는 '고구려판 모세의 기적'을 연출했다고 전한다. 신라 박혁거세의 부인 알영은 우물가 용의 옆구리에서 태어났고, 가락국의 김수로왕 부인 허 황후 또한 물길을 따라 아유타

국에서 왔으며, 대관령 성황신인 범일국사도 그 어머니가 태양이 잠긴 바가지 물을 마시고 잉태했다고 한다. 한결같이 여인과 물이 관련되어 있는데, 이는 '태양은 남성, 물은 여성'이라는 동양의 음양사상을 반영하고 있다.

일본 또한 별반 다르지 않다. 천손강림신화에 나오는 주요 인물이자, 일본의 대표적 상징인 사쿠라벚꽃와 후지산을 주관하는 고노하나 사쿠야히메木花開耶姬도 물의 여신이다. 천하절색인 그녀는 하늘에서 내려온 니니기노미코토와 혼인했는데, 남편에게 순결을 의심받아 이를 항의하는 표시로 불 속에서 세 명의 아이를 낳고 일찍 죽었다. 화려하지만 이내 사라져버리는 벚꽃과 같은 운명이었으며, 물의 신이기에 활화산의 분화를 막는다는 의미로 후지산에 모셔져 있다. 이렇게 태어난 사쿠야히메의 후손들로 일본 왕가가 이어졌으니, 그 시조 또한 물에서 비롯되었다 할 것이다.

중국의 경우는 물과 관련한 아주 다양한 버전의 인문적 이야기를 갖고 있다. 경남 남해의 충렬사에 있는 이충무공 사당의 비각에는 '보천욕일補天浴日'이라는 편액이 걸려 있다.

정유재란 당시 조선에 왔던 명나라 장수 진린이 이순신 장군에 대한 존경의 마음을 담아 예찬한 표현이다. '뚫어진 하늘을 기우고, 해를 깨끗이 씻은 만큼의 엄청난 공적을 남겼다'는 의미로 중국 신화에 근거하고 있다. 이 중 보천補天에 대해 전한前漢 시대에 저술된 《회남자》는 다음과 같이 소개한다.

진린은 임금에게 "통제사 이순신은 천하를 경영할 재능經天緯地과 세상을 구원한補天浴日 공이 있다"고 했는데, 이는 마음으로부터 감복한 까닭이었다.
- 《징비록》

오랜 옛날, 물의 신 공공共工과 불의 신 축융祝融이 싸웠는데, 공공이 지자 분노해 하늘을 지탱하고 있는 불주산을 머리로 받았다. 하늘이 무너져 내리고 땅이 갈라지면서 거대한 물난리가 났다. 인류의 창조신인 여와가 강에서 오색의 돌들을 가져다 불에 녹여 찧기고 기울어진 하늘을 긴급 보수해 홍수 등으로 인한 대재앙을 막을 수 있었다.

고대 중국에서는 황제가 신하들에게 연회를 베풀 때 술에 앞서 찬물을 내렸는데, 이를 현주玄酒라고 했다. 술이 없던 시절에는 제사 때 물을 올렸는데, 밤에 보이는 이 물의 빛깔이 검게 보였다고 해서 붙여진 이름이다. 황제가 물을 하사하는 것은 물로 미리 속을 희석시켜 술 마시고 주사를 부리지 말라는 경고의 의미와 함께, 술의 근원도 물인 것처럼 '황제가 곧 국가'라는 점을 명심해 충성하라는 정치적 메시지가 담겨 있다. 이러한 내용을 《예기》는 '술잔에 현주가 있으니, 백성에게 근본을 잊지 말라고 가르치는 것尊有玄酒 教民不忘本也'이라 이르고 있다.

중국의 신화적 왕조인 하夏나라 역시 물로부터 시작된다. 건국자 우禹는 치수의 달인이었다. 당초 우의 아버지 곤鯀은 순임금 시절, 9년간 물을 관리하는 벼슬아치였으나 실패해 끝내 사형당한다. 뒤를 이은 아들 우가 오랜 골칫거리인 치수에 성공해 그 공로로 순임금을 계승하게 된다. 아버지 곤이 무조건 둑을 쌓아 넘치는 물을 막는 데 급급한 반면, 아들 우는 물길을 적절히 터주는 방식을 취함으로써 효율적 치수를 이룰 수 있었다. 이는 오늘에 이르도록 매사를 무조건 막는 것은 한계가 있으며, 적절한 해소와 소통이 중요하다는 교훈을 주고 있다.

이러한 특별한 의미를 가진 인물이기 때문일까, 현재 북경의 천안문 광장에 자리한 중국 국가박물관의 역사자료 중 처음 자리를 우왕의 치수와 하나라의 개국 이야기가 채우고 있다. 또한 오늘날 수리 분야에서 가장 큰 공적을 세운 사람에게 주는 상노 대우상大禹賞이요, 중국 전역에 그를 기리는 사당이 즐비하다. 그뿐만 아니다. 일찍이 우왕의 이러한 명성은 중국의 경계를 넘어 우리나라를 비롯한 외국으로도 전파되었던 듯싶다. 이 중 특별히 흥미를 끄는 것은 그 우왕이 한반도에도 왔었다는 설화다.

강원도 태백에는 낙동강으로 흐르는 발원지에 물길이 산허리를 관통하는 특이한 지형이 있다. '산은 물을 넘지 못하고 물은 산을 뚫지 못한다'는 자연법칙을 깨는 동굴로, 연못의 형태를 이루고 있다. 옛날

우왕치수(禹王治水). 하나라 우왕은 고대 중국의 골칫거리인 황하의 범람을 다스리는 데 성공함으로써 오늘날에도 전국 도처에서 기려지는 신화 또는 역사적 인물로 자리 잡았다.

장마에 큰 싸리나무가 내려와 산과 충돌해 생겼다느니, 낙동강의 상·하류를 각각 지배하던 청룡과 백룡이 패권을 놓고 싸우다 생겼다느니 이야기가 무성하다. 일제강점기 시절, 일본인들이 이곳의 자원 반출을 수월하게 하려고 뚫었다는 주변 도로의 자연 암반 터널 위에는 '우혈모기禹穴牟奇'라는 암각이 선명하다. '하나라 우왕이 뚫은 석굴과 기묘하게 닮았다'는 의미이니, 이것을 자신들의 치적으로 선전하려는 의도가 엿보인다. 여하튼 이곳에 깃든 설화 중 우왕과 관련된 부분이 포함되어 전한다.

옛날 억수 같은 비가 오랜 기간 내려 삼라만상이 온통 물에 잠겨 있었다. 이때 단군에게 치수의 비법을 전수받기 위해 태백산에 들어와 있던 하나라 우왕이 칼로 산자락을 푹 찔러 물길을 자연스레 흐르게 했다.

물과 관련된 서양의 대표적인 신화는 구약성서 창세기에 나오는 '노아의 방주' 이야기다. 우주 만물을 창조한 신은 인간들이 갈수록 자신을 거역하고 타락해가자 거대한 홍수를 일으킨다. 선인善人으로 자신의 말에 순종하던 노아의 가족과 일부 동물들만 남긴 채 모두 멸하고 세상의 판을 다시 짰으니, 이른바 '물의 심판'이다. 이때 노아에게는 살아남을 네모난 모양의 배方舟를 만드는 법과 물을 다스리는 치수의 원리를 전수한다. 결국 인류 재창조가 물로 이루어진 셈이다.

물에 관한 이러한 신화와 종교의 관점을 넘어 철학적·합리적 사고를 처음으로 한 인물은 그리스의 탈레스다. 그는 이미 2700여 년 전 만물의 근원, 이른바 '아르케Arche는 무엇인가?'라는 명제를 내놓고 스스로 '물'이라고 답했다. 이는 과학적으로 옳고 그름을 떠나 우주의 기본 원리를 신과 같은 초월성에서 찾던 당대의 풍조에서 벗어나 논리적으로 규명하려 했다는 점에서 획기적인 사고였으며, 이로 인해 탈레스는 '서양철학의 아버지'로 불리게 되었다.

유교와 더불어 동양의 정신세계를 지배해온 또 하나의 큰 흐름은 도교다. 노자와 장자의 이론을 체계화함으로써 노장사상 또는 도가라고도 불린다. 이들은 '도道란 자연을 법칙 삼아 어긋나지 않는다'고 가르치니 무위자연이요, 자유방임이다. 이를 상징화한 금언이 물의 성질을 빗대어 제시한 '상선약수上善若水'다. 물은 항시 아래로 흐르니 겸손하고, 약한 듯 부드러우나 모든 것을 삼킬 만큼 강한가 하면, 담기는 그릇에 따라 모양을 달리하는 유연함이 있으며, 무엇보다 만물을 생장시키는 역할을 하는 존재다. 고로 '최고의 선이란 물과 같다'고 설파하는 것이다.

어디 그뿐인가, 큰 물은 작은 물을 끌어안는 포용의 미덕을 가르친다. 진시황이 중국을 최초로 통일하는 데도 물의 원리가 작동하고 있다. 한때 외국인 간첩 사건이 터지자 진시황은 객경客卿 즉 외지 출신 관리들에 대한 일제 추방령을 내린다. 이에 초나라 출신이던 이사李斯가 그 부당함을 진언하는 글 간축객서諫逐客書를 올려 진시황의 마음을 돌린다. 여기에 수천 년을 내려오는 명언이 있다.

> 태산은 작은 흙도 마다하지 않아 그 거대함을 이룰 수 있었고, 강과 바다 또한 작은 물줄기조차 가리지 않았기에 그토록 깊어질 수 있었다 泰山不辭土壤 故能成其大, 河海不擇細流 故能就其深

그렇다. 우리의 한강도 그저 한강만이 아니다. 금강산 단발령을 떠나 소양강과 홍천강을 합한 북한강, 그리고 태백산을 시작으로 동강과 주천강과 달천강과 섬강을 보탠 남한강, 이들이 두물머리양수리에서 어우러져야 온전한 민족의 젖줄 한강이 되는 것이다. 여기에 경안천을 보태고 중랑천을 껴안고 서울 한복판을 지나 임진강을 만난 후에야 서해의 넓은 품으로 내닫는 천 리의 유장한 물길이 완성된다.

두물머리 한쪽에는 '소원 나무'라는 별칭이 붙은 느티나무가 주변의 정취를 한층 더 고졸古拙하게 한다. 뱃길의 안녕과 함께 풍년, 다산을 주재하고 마을을 수호하는 도당신목이다. 본래는 할배와 할매가 짝을 이루고 있었지만, 팔당댐이 만들어지면서 할배나무는 수몰되어 도당할매만이 자식을 옆에 끼고 있는 망부목望夫木이 되었다. 400년이 넘는 세월 동안 이곳을 지켜오고 있으니, 길흉화복을 주관하는 신명神明을 품고 있으리라. 고즉신야古則神也! 오랜 것에는 신령스러움이 깃들어 있는 법이다.

그러나 인간사가 워낙 변화무쌍하니, 제아무리 신령함을 갖고 있는 도당할매라 하더라도 그 옛날 머리끈을 질끈 동여매고 두건을 둘렀던 떼꾼들 대신 알록달록한 서양식 차양 모자와 선글라스로 잔뜩 멋을 부린 인파가 북적이고, 물 위를 유유히 오가던 황포돛대는 한갓 관상용으로 밀려난 채 온갖 국적의 자동차 물결이 수놓는 세상이 올 줄은 차마 몰랐으리라. 두물머리를 굽이도는 저 한강만이 소리 없이 흐르고 또 흐를 뿐이다.

장강의 뒤 물결이 앞 물결을 밀어내듯이, 한 시대의 옛사람 또한 새로운 인물로 바뀌는 것이 세상의 이치가 아니겠는가長江後浪推前浪 一代新人換舊人?

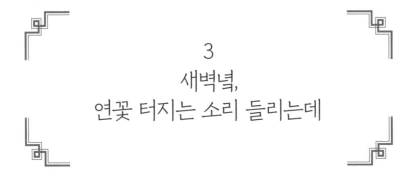

3
새벽녘,
연꽃 터지는 소리 들리는데

어스름 첫새벽이 다가올 무렵이다. 희끄무레한 어둠에 아직도 사위 四圍는 고요하다. 한양의 서문을 막 벗어난 즈음에 온통 연잎과 그 봉 오리들의 향연인 제법 넓은 연못 하나가 자리하고 있다. 천원지방天圓 地方, 즉 '하늘은 둥글고 땅은 네모지다'는 의미를 담아 둘레는 사각이 요, 물 한가운데 둥그런 동산 하나가 떠 있는 모양새다. 살며시 다가 온 젊은 선비 예닐곱이 두어 척 쪽배에 올라 조심스레 노를 젓다가 이 내 멈추어 선다. 눈을 지그시 감은 채 무언가에 귀를 기울이더니 여기 저기서 탄성이 연발하는가 하면, 멀리 동이 터오면서 드러난 이들의 얼굴에 희열이 가득하다. 커다란 연잎으로 만든 깔때기 모양의 즉석 술잔에 술을 붓고는 연잎 대롱으로 한 모금씩 음미한다.

조선 정조 시절이던 1796년 어느 늦여름, 서대문 인근에 있었던 서연지의 동틀 녘 정경을 그려본 모습이다. 이들은 임금의 총애를 받아 규장각에서 학문을 연마하던 소장파 엘리트이자, 국정의 브레인 역할을 하던 초계문신抄啓文臣들이었고 리더는 다산 정약용이었다. 한편 그들이 듣고자 한 것은 청개화성聽開花聲, 즉 연꽃 봉오리가 이른 아침 여기저기서 터지는 찰나의 소리였다. 연잎 술잔과 대롱으로 만든 빨대도 그렇고 범인들은 쉽사리 따라 할 수 없는 낭만의 극치요, 가히 선인仙人의 경지다. 그도 그럴 것이, 그 무렵 남인 계열 소장파의 친목을 다지고 자연의 변화를 온몸으로 느끼기 위해 정기·부정기 모임까지 운영한 것을 보면 그들은 대단한 풍류 가객들이었다.

모두 15명이 규약까지 만들어 살구꽃이 피는 것을 시작으로, 복숭아꽃이 피면 모이고, 한여름 참외가 익으면 또 모이고, 늦여름 연꽃이 흐드러지면 어울리고, 국화가 피면 또 어울리고, 겨울에 큰 눈이 오면 만나고, 세모에 매화가 피면 또 만나고…. 이렇게 하기를 연중 일곱 차례였고, 득남·승진 등 계원들의 경사에도 함께했기에 같은 당색의 정치적 결사체 아니냐는 의심도 받을 만했으리라. 한편, 모이는 장소는 다산이 살고 있던 명례동, 지금의 명동 일원이었는데 통행할 때 꽃들이 다치지 않도록 하기 위해 집 안에 대나무로 난간을 만들어놓은 것에 빗대어 그 이름을 '죽란시사竹欄詩社'라 했으니, 그 마음이 참으로 지극하고도 정성스러워 보인다.

이들은 때마다 각기 준비한 술과 안주, 붓과 벼루 등을 갖고 와 시

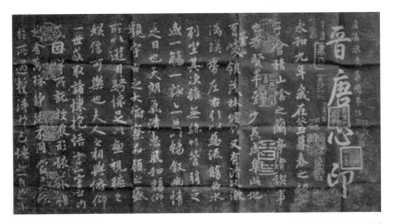

《난정서》에는 중국의 역대 서예작품 중 최고봉이라거나, 국보 1호급 '천하제일행서'라는 등 온갖 수식이
따라붙지만, 진품은 누구도 모른다. 다만, 당대 귀족들의 사치스러운 풍류 속에서 인생 무상을 한탄하는
내용만큼은 많은 이의 공감을 부르는 듯하다.

문을 짓는가 하면, 벌주놀이도 병행했는데 이는 중국의 서성書聖으로
일컬어지는 왕희지의 풍류에 뿌리를 두고 있다. 4세기 동진 시대를 살
았던 왕희지는 난정이라는 곳에 당대의 명사 41명을 초대해 아홉 굽
이의 물줄기 따라 술잔을 띄우고 제때 시를 짓지 못하는 사람에게는
벌주를 마시게 하는 '유상곡수연流觴曲水宴'을 즐겼다. 이렇게 모인 37수
의 시를 묶어 시집을 만든 후 그 서문을 왕희지가 썼는데, 그의 글씨
를 숭배했던 당 태종의 유언에 따라 시신과 함께 소릉에 묻혔다고 전
해지는《난정서蘭亭序》다.

조금 전 기뻐하던 것이 잠시 고개를 숙였다가 다시 드는 사이에 이
미 옛 자취가 되어버리니, 감회가 일어나지 않을 수 없다. 인간도 장수

하거나 단명하거나 간에 끝내는 다 없어지는 것이다. 그러나 옛사람이 이르기를 '죽고 사는 것이 또한 엄청난 일'이라고 했으니, 어찌 애통하지 않겠는가?

사람들이 떠올리는 다산 정약용에 대한 일반적인 이미지는 의지력의 화신이요, 정치적 희생자며 조선 후기의 대표 지성이다. 정조를 도와 한강 배다리와 화성 거중기를 만들고 18년간 유배 생활 등을 통해 500권이 넘는 다양한 책을 저술한 실학의 집대성자로 각인되어 있으니 그럴 만하다. 다만 그의 생에 비친 여러 일화들을 보면, 이렇게 강하고 건조한 면과 더불어 한편으로는 아주 섬세한 천재성과 함께 감성적이면서도 자존심이 남다른 특성도 보인다. '좌뇌는 이성을, 우뇌는 감성을 지배한다'는 요즘의 속설로 치자면 '좌뇌와 우뇌가 동시에 움직이는 형'이라고나 할까?

이런 의미에서 다산은 서양의 통합형 인간 모델인 레오나르도 다빈치에 종종 비유되곤 한다. 다빈치는 널리 알려진 대로 명화 〈최후의 만찬〉과 〈모나리자〉를 그린 화가다. 그런데 화가일 뿐만 아니라, 비행기의 원리를 발견한 물리학자요, 인체의 해부도를 만들어낸 생리학자이며, 인생론을 저술한 철학자이기도 했고, 직접 악기까지 만든 음악가였다. 이를 뒤집어 보면, 다빈치에게 그런 다채로운 소양과 지식이 있었기에 이들이 농축되어 불후의 명화들을 남겼으리라는 생각도 든다. 오죽하면 일찍이 서양의 교육이 레오나르디즘leonardism이라는 이름으로 통합적 인재 양성을 지향점으로 삼았을까. 그런데 사실을 따지고 보면 다산의 경우 다빈치보다 폭이 더 넓어 정치·경제·사회·문화·역사·법률·종교·교육·의료·지리·과학기술·예술에 이르기까지 거의 전 분야를 망라하는 지성과 감성을 갖고 있었다.

이미 네 살 때 천자문을 깨치고, 일곱 살 들어 '작은 산이 큰 산을 가리는 것은 / 큰 산이 멀고 작은 산은 가까운 지세 때문이라_{小山蔽大山} _{/ 遠近地不同}'는 원근법을 담은 한시를 지었는데, 이는 지리·예술·문학적 사고가 함께 어우러져야 나올 수 있는 표현이라는 평이다. 열 살 무렵에는 일찍 여읜 어머니를 그리며 지은 글 들을 묶어《삼미집_{三眉集}》이라는 시집까지 만들어낸다. 세종 시절, 다섯 살이던 매월당 김시습이 조정에 불려가 "동자의 학문은 푸른 소나무 가지에서 백학이 춤추는 것 같도다_{童子之學 白鶴 舞靑松之末}"라고 치하받자, "대왕의 덕은 황룡이 푸른 바다 한가운데서 나는 듯하나이다_{聖主之德 黃龍 飜碧海之中}"라고 답함으로써 '5세 신동'이라는 별호를 얻었다는 것과는 성격이 또 다른 천재성이었다.

한편, 정약용이 열다섯 살 되던 해 부인 홍혜완에게 장가들 무렵에 있었던 흥미로운 예화가 야담집《기리총화》와 풍산 홍씨 문중에 전해온다.

혼담이 오가면서 다산이 처가가 있던 한양 회현동에 들렀다. 사윗감이 온다니 가까운 처가 쪽 친인척들이 미리 와서 대기하고 있었다. 다산이 들어서자 예조판서로 있던 사촌오빠 홍의호가 느닷없이 한마디 던진다. "사촌 매제는 작은 어린아이구먼그려四寸妹夫三尺童子!" 다산의 얼굴이 살짝 일그러지더니 곧바로 받아친다. "중후重厚한 분의 자손이 거늘 경박하기 짝이 없네重厚之孫輕薄之子." 워낙 신동으로 알려진 터라 일부러 테스트해보기 위해서였겠지만, 다산의 왜소한 체구를 보고 시비를 걸어오자 처조부가 될 홍중후 이름을 거론하며 보기 좋게 응수한 것이다. 번뜩이는 천재성으로 일국의 예조판서를 열다섯 살짜리 소년이 제대로 한 방 먹인 셈이었다. 더구나 자신의 집안 나주 정씨 문중도 잠시 권력으로부터 멀어져 3대에 걸쳐 벼슬 없는 포의布衣 생활을 했다지만, 본디 최고의 요직이요 선망의 대상이라는 홍문관 벼슬을 대대로 한 이른바 '8대 옥당玉堂' 가문이 아니던가. 이를 선대로부터 익히 들어오던 터라, 이 순간 칼칼한 자존심 또한 작용했으리라.

다산이 돌아간 후 모여 앉은 처가 식구들 간에는 혼인을 탐탁지 않게 여기는 기류가 일었다. 지나치게 똑똑해 자칫 큰 사고를 치기 십상이라는 우려 탓이었으나 나중에 장인이 된 동부승지 홍화보洪和輔가 사위로 삼으려는 뜻을 굳힘으로써 결국 혼사가 이루어졌다는 것이 풍산 홍씨 문중에 내려오는 이야기다. 한편, 세월이 흘러 신유박해 사건에 연루되어 다산이 유배되고 그 처가에도 적잖은 영향을 끼친 것을 고려하면 당초 혼인에 부정적이었던 친인척들의 의견에도 일리가 있어 보인다.

부인 홍혜완의 집안은 본향이 강원도 원주 단구역말이었다. 여기에는 지역 유력 가문이던 풍산 홍씨들이 대를 이어 터 잡고 살았고 지금

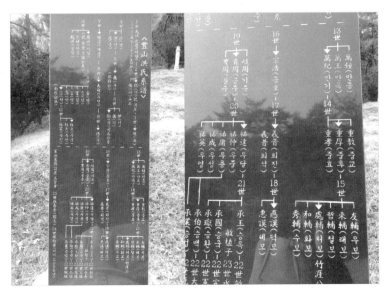

강원도 원주에 소재한 이 지역 풍산 홍씨들의 가족 묘역 입구에 서있는 문중 계보비석이다. 14세손 홍중후의 다섯 번째 아들인 홍화보(洪和輔)의 이름이 보이는데, 이가 곧 다산 정약용의 장인이다.

도 홍 판서 댁이라는 고가의 흔적이 일부 남아 있는데, 구한말 이인직의 신소설 《치악산》도 이 집을 배경으로 한다. 처사촌이 된 홍의호는 그의 아버지 홍수보, 할아버지 홍중효에 이어 예조판서를 지냈기에 세인들은 '3대에 걸쳐 연달아 예조판서를 배출한 집안三世連入禮判家'이라고 부르기도 했다. 사실 의호의 아버지 홍수보는 다산의 장인인 홍화보의 친동생인데 숙부인 홍중효의 양자로 간 것이라, 홍의호와 홍혜완은 친할아버지가 같은 사촌지간이다. 그런 연유로 다산이 홍의호에게 '중후한 분의 자손인데…'라고 운운한 것이었다.

이처럼 서로의 가정사까지 훤히 알고 있을 정도로 두 가문은 아주

가깝고 특히 다산의 부친 정재원과 장인 홍화보의 교분이 두터웠다. 이는 양쪽 집안의 선영이 충북 충주시 금가면 하담리의 한 고갯마루에 나란히 자리하고 있는 데다 당색도 공히 남인 계열이었던 데서 연유한다. 조상을 같은 묘역에 모시는 가운데, 풍산 홍씨들은 일찍부터 이곳에 세거하고 있었으며, 지금도 그 후손들이 상당수 살고 있다. 더구나 두 가문은 이곳 충주와 그 인근 지역인 원주 일원에서는 예부터 대표적인 사대부가로 명성이 높았을 뿐 아니라, 상호 교류가 활발하고 친목도 돈독한 관계였던 만큼 때가 되면 양가의 혼담 또한 수시로 오갔던 것이다. 이것이 다산의 할머니 역시 풍산 홍씨이며, 부인 홍혜완과도 부부의 연을 맺게 된 배경으로 보인다.

여하튼, 다산은 광주군 초부면 마현리 소내 마을, 지금의 남양주시 조안면 능내리에서 태어나 남한강 뱃길을 거슬러 올라 선영이 있던 충주 하담에 수시로 들르는데, 이때 펼쳐지는 풍광과 각종 사연, 심경 등을 담은 시 79편을 묶은 것이 저 유명한 《강행절구》다. 그는 하담에서 유년 시절을 지내기도 한 듯하다. 이때의 일을 〈하담에 이르러到荷潭〉라는 시에서 '언제나 제집인 듯 찾아가 / 지난날 죽마 타고 놀던 곳人到每如家 / 竹馬他年戱'이라고 묘사한다. 또한 서른 살 되던 해 진주목사이던 아버지 정재원이 급서하자, 역시 이곳에 모시고는 소내의 고향 집에다 '하담을 바라본다'는 의미의 망하루望荷樓라는 정자를 지어 아버지를 기리기도 했다. 그러나 이처럼 조금은 여유로운 애틋함도 그리 오래가지는 못했으니, 주군이던 정조가 급서한 뒤 권력의 소용돌이에 휘말려 18년간의 멀고도 험난한 귀양길에 오른다. 이때 하직 인사차 찾은 부모의 묘 앞에서 오열하는 모습이 애처롭기 그지없다.

> 아버님, 어머님 아시나요 모르시나요 / 이제 가문이 무너지고 죽느냐 사느냐 하는 지경이 되었습니다 / 이 목숨을 부지한다 해도 큰 기대 하기는 틀렸습니다 / 소자를 낳고 기뻐하시어 쉴 새 없이 만지고 기 르셨지요 / 하늘 같은 은혜 꼭 갚고자 했는데 이리 못 될 줄 생각이나 했겠습니까 / 세상 사람들에게 아들 낳은 것 축하하지 않게 만들 줄을 어찌 알았겠나이까

경상도 기장을 거쳐 전남 강진 땅에 묶이는 기나긴 귀양살이가 시작되었다. 본래 유배형이란 원칙적으로 죽을 때까지 억류지를 벗어나지 못하는 종신형이었다. 물론 대부분이 정치범이라 정국이 바뀌는 등의 이유로 수년 내에 풀려나는 것이 통례였으나, 다산의 경우는 개인적인 감정까지 보태져 장기수가 되어버렸다. 그 중심에 서용보라는 재상과의 끈질긴 악연이 도사리고 있었다. 정조 재위 시절, 암행어사로 활동하던 다산이 당시 경기도관찰사인 그의 비위 사실을 적발해 탄핵된 것이 빌미가 되었다. 정조 사망 후인 1801년 천주교인들이 대대적인 박해를 받았던 신유사옥이 일어났다. 다산의 연루가 무고임이 드러났음에도, 그 사이 정승의 자리에 오른 서용보의 입김으로 결국 유배를 떠났다. 이후 수차례에 걸쳐 유배에서 풀리거나 다시 벼슬

길에 나갈 기회가 있었으나 이 또한 집요하게 방해했다. 이러한 야비한 처사에 관해 세인들은 "18세에 소년 급제하고 권력의 줄타기에 능했던 서용보가 자신보다 다섯 살 아래의 뛰어난 신예 정약용을 시기하고 견제한 것이 진짜 이유"라는 평을 내리기도 한다.

음력 11월 한겨울에 시작된 강진에서의 생활이야 제대로 먹고 잘 곳조차 없는 나락의 상황이었지만, 무엇보다 견디기 힘들었던 것은 '천주쟁이'라며 몹쓸 병 걸린 놈 취급을 하는 뭇사람들의 눈길이었다. 무지하고 선한 백성들이야 천주가 뭔지, 서학이 뭔지 알 일이 아니고, 그저 나라에서 나쁜 것에 물들었다니 그리 믿을 수밖에….

보통 사람 같았으면, 떠나온 한양 쪽을 바라보며 한숨짓거나 울분과 좌절 속에서 스스로 명을 재촉했을 간난의 시간들을 다산은 뚝심으로 버텨낸다. 그 저력은 탄탄한 지성과 짙은 감성으로 무장된 의지력이었다. 어디에나 은인은 있는 법, 주막집 할멈이 내준 조그만 공간을 사의재四宜齋라 부르며 '맑은 생각과 흐트러지지 않는 용모, 과묵한 처신, 신중한 행동' 등 네 가지 생활 준칙을 다짐한다.

이어 만덕산 자락에 풀로 엮은 누추한 집이라는 의미를 담아 '다산초당'이라 이름 짓고는, 제자들의 도움을 받아 복사뼈에 세 번이나 구멍이 나도록 전념한 끝에 필생의 역작 500여 권을 탄생시킨다. 이 중 《목민심서》는 베트남의 국부 호찌민이 전쟁 중에도 읽으며 다산을 가장 존경하게 되었다는 일각의 전언을 접하면 절로 숙연해진다. 더불어, 다산은 치열한 집필의 정념 속에서도 소박한 공간에 자리한 바위와 샘터에 이름을 지어주고 연못을 만들어 잉어까지 키운다. 이러한 주변 풍광과 분위기를 특유의 서정으로 노래하니, 〈다산팔경사茶山八景詞〉다.

담장을 휘감아 덮고 있는 복숭아나무 拂墻小桃

늘어진 발에 부딪치며 하늘대는 버들개지 撲簾飛絮

따뜻한 날에 들려오는 산 꿩의 울음소리 暖日聞雉

가랑비 맞으며 물고기에 먹이 주는 일 細雨飼魚

비단 같은 바위에 몸을 두른 단풍나무 楓纏錦石

아름다운 연못물에 비치는 국화의 모습 菊照芳池

언덕 위 푸르게 드리운 대나무들의 향연 一塢竹翠

깊은 골을 따라 일렁이는 소나무 물결 萬壑松濤

유배 생활에서 다산을 지켜준 또 하나의 즐거움은 음다飮茶였다. 20대부터 차 맛을 알았다지만 차에 대해 일가를 이룬 것은 백련사의 학승 혜장과 그의 제자 초의선사를 만나면서였다. 무시로 초당에서 동백나무 길을 따라 고개 하나 넘어 백련사에 들러 혜장과 더불어 유·불의 교리를 주고받으며 차 마시기에 심취했으니, 대표적인 호 다산茶山도 이곳 만덕산에서 비롯되었다. 그러나 다선茶仙의 경지에 이른 것으로 평가받는 다산에게도 차가 꼭 좋은 기억만은 아니다. 유배 기간 중 살림을 맡아서 해준 정씨에게서 낳은 딸 홍임弘任에 관한 이야기다.

다산이 유배에서 풀려난 후 본가인 마현으로 모녀를 데려갔으나 둘은 이내 강진의 다산초당으로 돌아오게 된다. 그 후 매년 차를 거두어 다산에게 보냈는데, 답신의 글에는 애절한 그리움과 안타까움이 잔뜩 배어 있다. '소식 끊긴 채 잉어가 노니는 천 리 밖에서雁斷沈魚千里外 / 해마다 오는 소식이라고는 차 한 봉지뿐이로고每年消息一封茶.'

한편 세월이 거듭될수록 유배지에서 새로운 인연들도 늘어나고 학문의 금자탑도 날로 높아져 갔지만, 무시로 찾아오는 온갖 회한과 허허로움은 참기 힘든 일이었다. 이때마다 초당의 한편, 지금은 천일각天一閣이라는 정자가 세워진 언덕배기에 오른다. 아득히 드리워진 강진만의 지평선을 바라보며, 그리운 이들을 촘촘히 떠올린다. 수년 전 같이 유배를 떠나 나주에서 이별해 흑산도로 간 형정약전은 어찌 버티고 있는지, 자식들은 폐족廢族이 되어 벼슬길에도 나가지 못하는 처지를 비관만 하고 있지는 않은지, 특히나 내로라하는 명문가 여식으로 시집와 온갖 고생만 한 아내의 병세는 어떤지, 그리고 자신을 그토록 총애하던 선왕의 급작스러운 죽음의 진실은 무엇인지 답답하기만 하다.

그러던 중 혼인 30주년이던 어느 날, 아내 풍산 홍씨가 소중한 물건 하나를 보내온다. 새색시 때 입던 다홍치마였는데, 오랜 세월에 색이 바래 이제는 엷은 노을빛에 가깝다. 사대부가의 법도로는 실로 파격이었으나 거기에 담긴 의미는 충분히 알 수 있었다. '고통의 나날이겠지만, 변함없이 당신을 연모하는 나를 생각해 힘을 내라'는 무언의 메시지였다. 물론 일각의 지적처럼, 강진에서 소실을 들인 데 대한 섭섭

흐르는 세월을 따라 새색시의 다홍치마가 노을빛으로, 다시 노란색으로 변해가고 있으나 다산 부부의 애틋한 정 만큼은 글자 한 자 한 자에 알알이 박혀 있는 듯하다.

함이 담겨 있을 수도 있겠다. 여하튼 다산은 다 해진 치마를 마름질한 후 아내에 대한 깊은 근심과 2남 1녀의 자식들에게 당부하는 서첩을 남겼는데, 이것이 오늘날까지 보물로 전해오는 하피첩霞帔帖이다.

> 병든 아내가 낡은 치마를 보내왔네 病妻寄悵帨裙
>
> 천 리 먼 곳의 애틋한 정 소복이 담겨 있으나 千里託心素
>
> 세월이 많이도 흘러 붉던 빛 다 바래고 歲久紅已褪
>
> 만년을 생각하니 서글픔만 더할 뿐 悵然念衰暮

먼 길과 긴 세월을 돌고 돌아 꿈에 그리던 고향 마현으로 왔다. 18년 만에 자유의 몸이 된 그의 나이 57세였다. 이제는 자신이 태어나고 자란 이곳에서 생의 흔적들을 서서히 갈무리해야 할 시점이 되었다. 정조가 승하한 후 귀향하면서 지었던 당호 여유당의 교훈이 새삼

가슴에 다가온다. 《도덕경》에서 빌려와 "겨울에 냇물을 건너듯 신중한 것이 여^與요, 사방에서 나를 엿보는 것을 두려워하듯 경계함이 유^猶다"라고 스스로 해석한 바다. 이 때문일까? 이러저러한 통로로 수차례 다시 벼슬길에 나갈 기회가 있었고, 특히 평생의 숙적이자 그때까지도 정승 언저리를 오가던 서용보가 하인을 시켜 위로의 뜻을 내비치며 언뜻 관계 회복의 의사를 타진해오기도 했으나, 일절 응하지 않는다. 대신 제자들과의 교유를 지속해 나가는 한편, 강진에서 끝맺지 못한 명저 《목민심서》를 마무리하는 등 유유자적의 삶을 누리는가 하면, 회갑을 맞아서는 '평생 지은 죄가 너무 많아 회한이 가득하다'고 고백하는 〈자찬묘지명^{自撰墓誌銘}〉을 짓기도 했다. 유배 기간 만큼의 세월인 18년간을 고향 마현에서 보내던 다산은 75세를 일기로 파란의 생을 마감한다. 하늘이 점지했는지, 그날은 부인인 풍산 홍씨와 혼인한 지 60주년을 기리는 회혼례 당일이었다.

　　우리 집 동산에 묻되, 지사^{地師}에게는 묏자리를 물어보려 하지 마라.

　마지막 유언이다. 그는 이만큼이나 고향 마현마을을 사랑한 사람으로, 한강이 내려다보이는 여유당 뒷산에 부인인 풍산 홍씨와 함께 안장되어 있다. 그곳에는 오늘도 그를 기억하고 기리는 많은 이들의 발길이 끊이지 않는다.

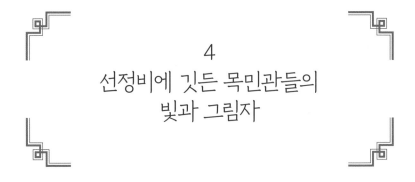

4
선정비에 깃든 목민관들의
빛과 그림자

　대략 40~50년 전만 해도 휴대폰은 물론이요 변변한 게임기도 없던 시절, 초등학생 정도 되는 아이들은 동네 어귀와 학교 운동장 한쪽에 모여, 주변에서 손쉽게 구할 수 있는 도구들을 이용한 또래끼리의 놀이를 즐겨 했다. 그중 사내아이들이 주로 많이 하던 놀이 하나가 떠오른다.

　기억이 많이 흐려지기는 했지만 대강 더듬어보기로는, 한쪽에서 일정 거리에 자그마한 직사각형의 돌을 세워놓으면 상대편 아이가 자신의 조그만 조약돌로 맞추거나 발등·허벅지·배·어깨 등 신체 일부에 돌을 얹은 채 다가가서 쓰러뜨리는 난이도별 놀이였던 것 같다.

　놀이의 이름은 '비석치기'로, 그 유래에 관해서는 여러 견해가 있다.

그중 하나가 요즘도 전국 어디서나 어렵지 않게 볼 수 있는 선정비, 즉 옛날 목민관들의 치적을 기리는 기념비와의 관련성이다.

하기야, 이 놀이를 그저 '돌치기'라 하지 않고 굳이 '비석치기'라고 한 것을 보면 상당히 설득력이 있어 보인다. 연이어 궁금해지는 것은 비석이란 본래 특정인의 공적이나 기념할 만한 어떤 일 등을 전하기 위해 세워놓은 징표이기에 조금은 엄숙하고 근엄하게 다루어야 할 텐데, 이것을 쓰러뜨리는 행위를 굳이 놀이로 만든 이유다. 과천에 선정비와 관련한 흥미롭고 상징적인 일화 하나가 전해온다.

옛날 과천 현감이 한양으로 영전되어 떠나는 날 아침, 이방이 집무실로 와서 아뢴다. "그간 고을을 선정으로 다스려 칭송이 자자했기에, 백성의 뜻을 모아 관아 밖에 이를 기리는 비 하나를 세워놓았습니다. 가시는 길에 제막식을 하심이 어떠신지요?" 사또는 싫지 않은 눈치다. 행세깨나 하는 고을 유지들이 모인 가운데 비석에 씌워진 하얀 천을 벗겨내자, 여기저기서 킥킥거리는 소리가 들린다. '오늘 이 도둑놈을 보내노라今日送此盜.' 사또는 애써 태연한 척하며 석공을 불러 급히 비 뒷면에 또 하나의 글을 새기도록 한다. '내일은 더 큰 도적이 올 것이다明日來他賊.' 세월이 흘러 지나던 고승이 이를 보고는 비석 양 옆면에 갈무리하는 글을 남긴다. '이러한 도둑놈들은 끊임없이 올지니此盜來不盡, 세상이 온통 도적놈들뿐이로고擧世皆爲盜.'

왜 하필이면 과천인가? 조선 시대 지방관 또는 외직을 일컫는 목민관들의 임지에는 나름의 요직이 있었다. 관찰사는 평안도요, 부윤은

의주이며, 현감은 과천이었다.

우선 '평안 감사도 저 싫으면 그만'이라는 말이 시사하듯이 벼슬아치들에게 선망의 자리였다. 대체로 세 가지 이유다. 대동강을 둘러싸고 펼쳐진 승경이 으뜸인 데다, 예부터 색향色鄕이라 할 만큼 평양의 기생이 유명했으며, 상업이 활성화되어 물산 또한 풍부했다.

다음으로, 의주는 중국과 인접해 사신들이 오가던 통로이고 각종 밀무역이 성행하던 곳으로 음성적 수입이 많았다.

끝으로, 과천의 경우는 종오품직의 말단 수령에 불과했으나 '과천부터 긴다'는 속언이 말해주듯 한양으로 들어가는 삼남지방 사람들이 모이는 길목으로 입경세入京稅 징수권을 갖고 있었고, 한양에서 가까워 이곳을 방문하는 여러 고관대작들과 교분도 넓힐 수 있었으니, 인사

과천 현감의 선정비들이다. 뒤편에 비갓까지 씌워진 두 개의 비가 우뚝한데, 권문세족이던 안동 김씨와 여흥 민씨의 것이다. 상위 품계인 자가 하위 수령직으로 낮추어 부임했다는 뜻으로 '행(行)현감'이라 새겨져 있다. 역시 과천 현감 자리가 노른자위이긴 했나 보다.

문제에서도 유리하게 작용했으리라.

본디 선정비란 목민관들의 아름다운 행적을 기리고자 하는 것인 만큼 그 이름도 선정비를 비롯해 송덕비·불망비·영세불망비·청덕비·인덕비·거사비·유애비 등 다채롭고 휘황하기 그지없는 데다, 어느 고을에 가나 쉽게 접할 수 있을 만큼 많다. 조금 과장하자면, 조선조 500여 년간 목민관을 거친 사람의 대부분이 선정비를 세웠다고 할 수 있을 것이다.

결국 선정이 그렇게 많이 펼쳐졌는데 백성의 살림은 왜 그토록 피폐했느냐는 반론과 함께, 선정비 자체가 특별한 것이 아니라는 역설이 성립된다. 더구나 탐관오리일수록 자신들의 악정을 위장 또는 포장하기 위해 이 선정비에 집착하기 일쑤였다.

그 대표적인 경우가 조선 말기의 고부 군수 조병갑이다.

필요도 없는 만석보를 만들어놓고 물세를 징수하는가 하면, 불효·음행·잡기 등 온갖 죄목을 들어 백성을 잡아들인 후 돈 받고 풀어주는 등 인면수심의 탐학을 일삼더니, 급기야는 인근 고을인 태인 군수를 지낸 아버지의 공적비를 세운다며 1만 냥, 오늘날로 치면 약 4,000만 원의 거액을 백성으로부터 거둬들인다. 삼정의 문란과 세도정치 등으로 가뜩이나 불만이 가득하던 터라 불구덩이에 기름을 붓는 격이었다.

결국 부글부글 끓고 있던 민심이 폭발하니 조선조 멸망의 주요 요인으로 작용했던 동학 농민 운동의 시발이었다. 그 중심인물이었던 전봉준도 사실은 부친이 지금의 이장과 같은 역할을 하고 있었는데, 조병갑의 모친상 때 부의금을 걷어오지 않았다는 이유로 끌려가 장을 맞고는 죽었다.

이를 두고 일각에서는 전봉준이 조병갑에 대한 개인적인 감정으로 주동 역할을 한 것 아니냐는 의구심을 보이기도 하지만, 이는 사안의 본질을 벗어난 견강부회라는 생각이다.

이외에도 조병갑이 분노를 불러일으킨 일이 비일비재했다. 처음 민란이 일어났을 때 그는 재빨리 도망갔다가 압송되어 일시 유배되었으나, 당시 조정의 어른이었던 조 대비신정 왕후의 인척이었던 데다 중앙정계 내 막강한 인맥과 뛰어난 로비 능력으로 이내 풀려난다.

게다가 대한제국 시절에는 정국의 소용돌이 속에서 판사로 복귀해 동학의 2대 교주였던 최시형에게 사형 판결을 내리는 아이러니까지 연출한다. 역사는 단절되지 않는다.

현대에 들어서는 김해·정읍·천안·함양 등 여러 지역에서 온갖 미사여구로 치장된 그의 선정비가 발견되어 존치 여부를 둘러싼 논란을 불러일으키고 있음을 보면 실로 세월을 뛰어넘어 악명 높은 스타다.

살펴본 바와 같이 조선조 말기의 파란을 불러온 데 일조한 목민관들의 선정비에는 다채로운 인문적 함의와 당대의 사회·제도적 모순 등이 적잖이 담겨 있다.

우선 조선 시대 목민관이란, 목민지관의 줄인 말로 '백성을 다스리고 기르는 벼슬아치'라는 뜻을 담고 있다. 대체로 관찰사감사와 그 예하의 부윤·목사·부사·군수·현령·현감 및 병사·절도사 등 수령들을 통칭하는 개념이다.

여기의 수령守令은 사또·원님 등으로 널리 불렸는데, 수토양민왈수守土養民曰守 / 봉이행지왈령奉而行之曰令에서 따온 말이다. '땅을 지키고 백성을 먹여 살리는 것이 수守요, 제왕의 뜻을 받들어 행하는 것이 령令이다.' 이 수령들이 해야 할 일을 구체적으로 밝힌 것이 수령칠사守令七事다.

농사와 양잠을 일으켜야 하고 호구를 늘게 하며, 교육을 활성화하고 군정을 가지런히 하며, 부역을 공정하게 하고 소송을 적게 하며, 아전이 농간을 부리지 못하도록 해야 한다는 내용을 담고 있다. 일반 행정은 물론, 교육·제례·군정·사법·징세까지 주민 생활의 거의 모든 분야를 관장하는 막강한 힘을 갖고 있었다는 얘기다.

하기야 그 시절 민초들에게 나라님이야 자신과는 직접 관계가 없는 상징적인 존재였겠지만, 고을 수령은 백성의 생사여탈권을 쥐고 있는 장본인들이었던 만큼 그의 행태와 철학이 주민의 삶의 질을 결정적으로 좌지우지했던 것이다.

따라서 그 시절 수령의 자리를 일러 '백성의 삶과 가장 가까이 있다'는 의미로 근민지직近民之職 또는 친민지직親民之職이라 했고, 정약용도 명저 《목민심서》에서 '다른 자리는 구해도 가하나 목민관은 스스로 구할 바가 못 된다他官可求 牧民之官 不可求也'고 설파하고 있다. 무릇 목민관이란 자질과 소양은 물론이요, 고을 백성을 진정으로 섬기려는 자세가 요구되는 만큼 개인의 영달이나 호구지책으로 취하려 해서는 안 된다는 경계적 메시지가 작동하고 있는 것이다.

그런데 이러한 목민牧民의 참뜻은 외면한 채 온갖 가렴주구를 저질 러놓고는 여론을 조작하는 방법의 하나로 선정비를 세워놓는 것이 탐 관오리들에게는 아주 구미 당기는 일이었다. 조선 후기에 민초들 사이 에 널리 불리던 〈비석타령〉이라는 잡가가 이를 방증하고 있다.

아문 앞에 서 있는 건 개 꼬리 목비요
동구 밖에 서 있는 건 수령 밭 목비라

수령의 임기는 조선 초기에 대체로 3년삼기법이었으나 세종은 잦은 교체로 인한 폐해를 들어 수령구임제로 불리는 육기법6년을 시행했으 며, 성종 때 이르러 《경국대전》에 5년으로 명문화했다. 그러나 이는 규정상의 임기일 뿐으로 조선조에 수령 임기가 제대로 채워진 경우는 약 10퍼센트에 불과했다.

더욱이 조선 후기에 들어서는 명목상의 임기조차 유명무실해져 평 균 1년 6개월 정도에 그쳤다. 세도정치의 독버섯이 자라면서 엄정한 인력 운영 시스템이 붕괴되고 권력 실세들에 의한 인사 전횡이 난무하 는 가운데, 외직을 기피하는 관리들의 중앙 관직이나 요직으로 진출 하기 위한 로비·상납 등이 고개를 드는 것은 당연한 일이었다.

잦은 수령 교체에 따른 부담은 고스란히 백성에게 돌아왔다. 수령

부임 시 소요되는 제반 비용인 쇄마전刷馬錢, 떠나는 수령의 공덕비를 세운다는 명목으로 거두어들이는 비채碑債·입비전立碑錢 등 온갖 준조세는 가뜩이나 과중한 세금에 시달리고 있는 민초들에게는 또 다른 고통이었다.

여기에 또 하나의 중요한 변수가 있다. 이러한 세금과 준조세를 백성으로부터 직접 거두어들이는 아전, 즉 구실아치들이었다. 고을의 토호세력인 데다 대대로 해당 지역에서 뿌리를 내리고 살아온 터라, 고을 사정에 누구보다 훤해 수령들도 상당 부분을 이들에게 의존하지 않을 수 없었다.

더구나 구실아치들은 나라에서 별도의 녹봉이 없는 일종의 무보수 명예직이었으므로 백성 수탈의 선봉장으로서 많은 경우 자기 배를 불리기 위한 온갖 방법을 동원하는데, 선정비 건립도 이 중 하나의 유용한 수단이었다.

선정비란 본디 수령이 교체되어 떠난 후 공적을 길이 알린다는 차원에서 세우는 것이지만, 이를 빙자해 중간에서 상당액을 착복하기 위해 심지어 수령 재임 중에 세우기도 했다.

사정이 이러했기에 역대 제왕들은 선정비와, 살아 있는 사람을 모시는 생사당의 폐단을 시정하도록 했지만 유야무야되어 오던 중 개혁 군주인 정조가 '건립된 지 30년 이내의 선정비와 생사당을 철폐하라'는 구체적인 명을 내리기에 이른다. 이로 인해 철거된 비들은 논두렁 다리나 물꼬 수리시설 또는 나무기둥 받침 등으로 사용되기도 했다.

강원감영 터에 모아놓은 선정비들 중 하나다. 민초들의 원한이 얼마나 깊었기에 글자를 모두 뭉개버렸을까? 선정이 아닌 악정의 표상이다. 다만, 대다수 지자체가 깨끗한 것들만 전시해놓은 것과 달리, 흉한 몰골의 비까지 전시해 경계로 삼도록 한 점은 칭송받을 만하다.

그러나 이것도 잠깐이었다. 정조 사후 다시 우후죽순으로 늘어나기 시작해 백성 수탈이 극심하던 조선 말기에 들어서는 탐관오리들의 선정비가 더욱 기승을 부렸다.

이에 백성들은 수령이 떠난 후 선정비에 오물을 갖다 붓는 것은 약과요, 도끼나 쇠망치로 부수는가 하면, 애민선정비愛民善政碑의 글자를 '돈 꾸러미를 사랑하여 고무래로 긁어모으는 것을 잘한다'는 의미의 애민선정비愛緡善丁碑로 바꾸기도 하고, 심지어 비 주인공의 이름을 쪼아버리는 등 온갖 분풀이를 하기에 이른다.

유심히 살펴보면, 아직도 이런 사례가 적잖이 남아 있어 그 시절 민심을 느낄 수 있다.

물론 우리 역사에서 앞서 살펴본 바와 같은 부정적인 이미지의 선정비만 있는 것은 아니다. 세월이 갈수록 더욱 빛을 발하는 경우도 있다. 그러한 선정비들은 대부분 '선정'이니 '불망'이니 하는 속 보이는 이름 대신, 깊은 뜻을 반영한 은유적 표현으로 되어 있다.

그 첫 번째가 전남 순천에 자리한 팔마비八馬碑다.

고려 충렬왕 때 승평, 지금의 순천 지역 태수였던 최석은 임기를 마치고 도성에 오르게 되었다. 고을을 떠나던 날 보좌하던 향리들이 백성으로부터 거둔 돈으로 마련한 말 일곱 마리를 전별 선물로 바치려 했다. 이에 최석은 "모두 돌려주라"고 역정을 냈지만, 관행이라며 막무가내였다. 부득이 말을 데리고 도성에 도착한 뒤에는 상경 길에서 낳은 새끼를 포함해 여덟 마리의 말을 고을로 돌려보냈다. 이후로는 수령이 이임할 때 말을 마련해주는 관행도 사라진다. 백성들이 그의 오롯한 정신을 기려 사은의 표석을 세우니 이것이 팔마비로, 우리나라 선정비의 효시를 이루고 있다.

전남 여수에는 채 1미터도 안 되는 타루비墮淚碑가 있다. 전국 각지에 온갖 미사여구로 포장되고 크기도 거창한 수많은 수령 칭송비들에 비하면 왜소하고 볼품없는 듯 보이나 거기에 깃든 사연은 숭고하기까지 하다. 주인공은 충무공 이순신 장군이다.

임진왜란 당시 국가 안위를 위해 분투하면서도 수하 장졸의 부상 치료를 일일이 챙기고 모여드는 피난민들까지 보듬던 진정한 성웅이었다. 그의 인간적 면모에 감동한 군졸과 백성들이 충무공이 서거한 지 6년이 지난 후 십시일반으로 갹출해 추모하는 작은 비석 하나를 세우고 타루비라고 했다. 이는 1300여 년 전 중국 진晉나라 시절, 양

높이 94cm에 불과한 타루비가 국내 최대 규모라는 '좌수영대첩비'와 좋은 대조를 이룬다. 자칫 왜소하고 초라해 보일 수도 있지만, 부하와 백성을 진정으로 사랑했던 충무공의 숭고한 뜻을 담았음을 생각하면 그 무게는 한층 달라지리라.

양지방 백성들이 양호羊祜가 태수로 있던 중 펼친 미신 타파·주민 교육·농지 확충 등 눈부신 선정을 생각하면서 '눈물을 흘렸다'는 고사에 빗댄 것이다.

　세종 재위 5년 차이던 1423년, 전국이 큰 가뭄에 시달리고 있었고 강원도는 더욱 심해 굶어 죽는 자가 속출했다. 그러자 임금은 예조판서로 있던 황희를 관찰사로 내려보낸다. 일종의 구원투수다. 황희는 임지에 당도하자마자 특히 피해가 심한 영동 지역을 중심으로 관곡을 풀고 대나무의 열매를 까서 멥쌀과 섞어 지은 죽실밥을 개발해 보급하는 한편, 사재까지 털어가며 구호에 진력한 결과 아사자가 더는 발생하지 않게 되었다.

1년여 만에 황희가 중앙으로 떠난 후 삼척 백성들은 "황 감사 덕분에 죽음을 면할 수 있었다"며 그가 넘나들던 정승고개 위에 조약돌을 쌓아 올린다. 돌로 쌓은 유일한 선정비였고, 세월이 흘러 이 사연을 담은 소공대비召公臺碑가 세워진다.

소공은 중국 주周나라 대신으로, 소召 지역을 맡아 다스리던 시절에 일자리 창출 등 민생에 힘써 백성의 신망이 두터웠다. 그가 늘 감당팥배나무 아래에서 정사를 보았다는 데서 감당지애甘棠之愛 또는 감당유애甘棠遺愛라는 성어가 만들어지고, 《시경》에도 이와 관련된 노래가 전한다.

> 우거진 저 감당나무 자르지도 베지도 마십시오. 소백께서 지내셨던 곳입니다. 우거진 저 감당나무 자르지도 꺾지도 마십시오. 소백께서 쉬셨던 곳입니다. 우거진 저 감당나무 자르지도 휘지도 마십시오. 소백께서 즐기셨던 곳입니다.

'태산이 높다 하되…'로 시작되는 〈태산가〉의 작자인 양사언은 16세기 '초서의 신선'으로 불리던 명필가다. 그는 당시 함흥·평창·강릉·철원 등 여덟 개 고을의 수령을 지낸 목민관이기도 했다.

평창 군수 시절에는 삶이 피폐해진 많은 백성이 고향을 등지고 유리걸식해 인구가 500여 호 1,000명 남짓이었다. 그나마도 토굴 같은 곳에 거처하며 짐승과 다름없는 생활을 하는 모습을 보고는 그 실상을 그림까지 그려 설명하면서 상당 기간 부역·공물·세금 등을 면제해줄 것을 진언한다. 상소 내용에 감동한 명종은 "이야말로 진정한 애민의식의 발로"라며 강원 감사에게 선처해주도록 명한다.

그 이후 백성들 간에는 평창을 거쳐 간 역대 수령 중 최고의 선정을 펼친 인물로 기억되고 급기야 그의 호 봉래와 마을 이름인 평촌에서 한자씩 취한 봉평蓬坪이란 지명이 탄생해 오늘에 이른다.

예로부터 안동무비, 즉 '안동에는 선정비가 없다'는 말이 전해온다. 실제로도 최소한 조선 중기 이전까지는 수령의 덕을 칭송하는 비를 세우지 않는 전통이 있었다. 이곳을 거쳐 간 수령들 중 지극한 선치를 한 사람이 없는 것도 아니요, 선정비를 못 세울 정도로 특별히 궁핍한 고을도 아니며, 더구나 훌륭한 수령의 은공을 저버릴 만한 고장도 아니었다.

사람들은 이를 괴이한 일로 여겼지만, 퇴계 이황의 평가가 이를 잠재웠다. '비를 세우는 것은 수령이 어진지 아닌지를 평가하는 것인데, 어찌 한때의 비난과 칭송이 모두 공정한 것이라 하겠는가以爲立碑 近於評論 地主賢否 況一時毁譽 未必盡出於公乎?'

후대에 들어 다산 정약용도《목민심서》에서 이와 궤를 같이하는 입장을 나타낸다. '돌에 덕을 칭송하는 글을 새겨 오래도록 기리는 것이 소위 선정비다. 어찌 마음속 깊이 부끄러운 바가 없다고 하겠는가? … 세우면 즉시 없애고 못 하도록 해 스스로 욕되게 하지 말라.'

무엇인가를 나타내 보이기 위해 자신의 이름과 행적을 남기려는 것은 인간의 본능이다. 그러기에, 이러한 모습들이 오늘날까지 이어져 공덕비 건립을 둘러싼 사회적 논란이 심심치 않게 야기되고 있다.

그러나 앞서 보여주는 퇴계와 다산의 메시지는 결국 구비口碑, 즉 사람들의 입을 통해 오래도록 칭송되는 것이야말로 최고의 선정비라는 교훈을 준다. 나무든 돌이든 철이든 거기에 새겨진 글은 언젠가는 깨지고 부서지고 사라지겠지만, 입에서 입으로 전해지는 감동과 그 주인공은 갈수록 빛을 더할 것이기 때문이다.

일찍이 중국에서는 선정을 펼친 목민관의 성을 따와 자식의 이름을 짓거나, 그가 다스리던 고을에 들렀을 때 자신의 재임 이후 태어난 아이들까지 나와 반겼다는 감동적인 이야기도 전해온다. 송나라 말기 재야학자였던 유염은 《서재야화書齋夜話》에서 일갈한다.

왜 굳이 이름을 딱딱한 돌에 새기려 애쓰는가 有名何必鐫頑石
저자를 오가는 이들의 입이 바로 선정비인 것을 路上行人口以碑

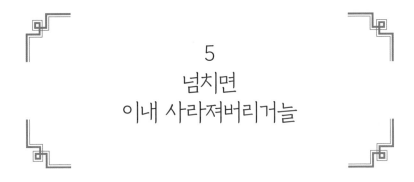

5
넘치면
이내 사라져버리거늘

2016년 8월은 대구·경주 지역 기온이 섭씨 40도에 육박하는 등 기록적인 무더위가 기승을 부렸다. 그때 모 방송사가 주관한 인문학 탐방 프로그램의 진행을 위해 일본 남규슈 가고시마 지역에서 4박 5일을 머물렀다. 그 여정 중에는 미야마美山에 자리한 도자기 마을도 있었다. 정유재란 당시 전라북도 남원 일원에서 끌려간 조선인 70여 명이 집단 거류했던 곳으로 그들은 여기서 살아가기 위해 도자기를 구웠다. 세월이 흐르면서 명성을 쌓아 오늘날 일본이 세계적으로 자랑하는 가고시마 도자기, 즉 사쓰마야키의 발상지가 된다. 그 중심에 심당길이라는 인물이 있었다. 그 가계는 400여 년이 지나도록 조선인의 혈통을 유지하며, 12대 후예부터는 한국식 이름인 '심수관'을 세습하면서襲名 현재에 이르고 있다. 오늘날에는 대한민국 명예 총영사관으로 지정된 가운데 집 대문에 태극기가 펄럭이는 것이 퍽 인상적인 곳이기도 하다.

운 좋게도 15대 심수관과 인터뷰를 할 수 있었다. 역사적인 이야기와 더불어 집안에 내려오는 보물 같은 비화들이 쏟아져 나왔다. 그중 가장 기억에 남는 것은 이들이 일본 땅에 포로로 끌려와 오늘날 남부럽지 않은 가산家産을 이룰 수 있었던 생존의 철학과 지혜였다. 미야마 사람들은 자신들의 혈통이 조선에 뿌리를 두고 있는 것은 익히 알고 있지만, 국경일이나 명절 때가 되면 일장기를 내걸고 누구보다 성실한 납세의 의무를 지켜가며 살고 있다고 강조한다. 지금도 후회하는 지극히 이기적인 질문을 했다. "과거 역사와 조상들을 생각할 때 일본에 대한 속마음은 어떤가?" 꼭 방송 촬영을 의식한 것은 아니었겠지만, 잠시 머뭇거리더니 "한·일 공히 조국으로 생각한다"는 답변이 돌아왔다. 잠시 후 집 안을 보여주겠다며 데리고 거실로 갔다. 위패를 모신 소박한 제상 앞에 서서 "하루에도 수차례 조상을 기린다"는 의미 있는 말을 남긴다.

또 하나 눈길을 끄는 것이 자그마한 정원 한구석에 있었다. 온갖 풍상과 세월의 때가 묻어 있는 '반녀니'라는 작고 낡은 비석이다. 옛날 '언년이' '간난이' 등의 이름으로 불렸던 어느 상민 여인의 것인 듯하다. 과문한 탓인지는 모르겠으나 우리 땅에서도 일부 열녀비 말고는 여인을 기리는 비를 본 적이 없는 나로서는 특별한 의미로 다가왔다. 집안사람들은 당시 도공들에게 고생고생하며 밥을 해주던 어떤 처자인 '밥년이'라고 추정할 뿐, 정확한 내력은 잘 모른다고 했다. 다만 12대 심수관 시절, 그 여인의 후손이 외지로 나가면서 이곳에 비가 남아 있으면 조선인의 혈통임이 드러나 일본 생활에 지장이 있다며 가져간 것을 겨우 설득해 탁본을 해와 다시 세웠다는 가슴 아픈 사연을 덧붙였다. 특히 15대 심수관

반녀니의 진정한 실체에 대해서는 누구도 자신 있게 말할 수 없을 것이다. 그만큼 세월이 많이 흘렀다는 얘기다. 다만 420여 년 전 이 국땅에 끌려온 조선 도공들의 애환과 일본 사쓰마야키의 첫걸음이 여기에 깃들어 있는 것은 틀림없다.

이 들었다는 이야기 한 자락에 귀가 솔깃하다.

조선에서 끌려오던 당시, 일행 중에는 뛰어난 도예 기술을 가진 여성 도공이 한 명 있었고, 그녀가 다른 조선인들에게 비법을 전수시켜 살아갈 수 있도록 했는데, '고려바바고려아줌마'라고 불리던 전설적인 여인 '반녀니'라고 전한다.

당시 조선 도공들이 갖고 있던 능력은 오늘로 치자면 반도체 기술에 버금가는 첨단 수준이었다. 임진왜란 때 납치되었다가 돌아온 조선의 문신 강항이 쓴 《간양록》에 따르면, 그 시절 일본은 오랜 전국시대를 거치면서 가공할 만한 무기체계를 갖추었던 것과는 달리 옥같이 귀한 도자기는 상급무사의 다기茶器 정도로 소중히 다루어졌을 뿐,

서민들은 나무로 만든 그릇에 밥과 물을 담아 잡곡으로 연명하는 조악한 수준이었다. 상황이 이러니 그들에게 조선의 도공들은 선진 기술을 보유한 고급 인력이었고, 전쟁 통에 닥치는 대로 잡아들였다. 일본에서 1597년 정유재란을 일러 '도자기 전쟁'이라고도 칭하는 배경이 여기에 있다.

도자기는 섭씨 1,300도에서 구워 유약을 입히는 도기陶器와 1,300∼1,500도에서 만들어지는 자기瓷器로 이루어진다. 우리의 도자기 문화는 역사가 깊다. 당초 중국 은·주나라에서 기원되어 전해진 이래 끊임없이 갈고 다듬고 빼고 보태어져 중국풍과는 또 다른 영역을 개척해냈다. 알려진 대로, 고려 시대에는 귀족사회를 중심으로 음·양각과 더불어 금·은을 입히는 화려한 형태의 청자가 원조국인 중국인들까지 매혹시켰다. 12세기 고려를 방문한 송나라의 서긍도《고려도경》이란 여행서에서 '고려인들이 만든 도기의 푸른 빛깔을 비색이라 하는데, 불과 몇 년 사이에 이들이 도기를 빚어내는 솜씨와 색은 몰라보게 달라졌다'고 예찬하고 있다. 조선에 들어서는 유교적 기풍을 담아 소박하고도 단아한 백자가 주로 생산되었다. 초기에는 주로 왕실에서 사용하는 용도로 제작되었으나, 중기 이후로 가면서 향약 보급과 서원의 활성화로 인해 다기·제기·용기·문방구 등 실생활용 제품이 다량 생산되고, 문양도 십장생·운용雲龍 및 대나무·매화 등 상상과 현실 세계를 넘나드는 모습을 보인다.

이처럼 일상화된 도자기였기에 조선 시대만 해도 한반도 거의 전역에 가마가 즐비했고, 조정에는 궁중 음식과 사용하는 그릇들을 담당하는 사옹원이 있어 이를 관장하도록 했는데, 경기도 광주에는 사옹원의 현지 출장소 격인 도자기 분원分院과 관요官窯가 설치되었다. 이는 이 고장에서 양질의 백토가 많이 생산되고 자기를 굽는 데 쓰는 목재를 구하기 쉬운 데다, 남한강과 북한강이 만나는 수로의 요충지로서 생산품을 궁으로 조달하거나 원료를 수급받기가 쉬웠기 때문이다. 이런 이유로 당시에는 경기도 양근, 강원도 양구, 경상도 진주와 경주 등 전국 주요 산지에서 공납되는 백토가 모여들고, 1,000여 명이 넘는 도공들이 북적대던 곳이었다. 내가 광주에 살던 1980년대 초만 해도 이후락 전 중앙정보부장이 은퇴한 뒤 이곳에서 도자기를 빚고 있었고, 당시 일본인들이 일대의 백토를 확보하기 위해 토지를 집중적으로 사들이고 있다는 등 흉흉한 소문도 돌곤 했었는데 지금은 어떤지 모르겠다.

오늘날에는 기계를 통한 도자기 다량 제작 등의 여파로 관련 산업이 많이 쇠퇴하고 있으나, 과거 주요 생산지를 중심으로 도예 붐을 조성하고 관광객 유치를 위한 지역 단위의 다채로운 축제는 매년 이어지고 있다. 그중 수도권에서 유명세를 타는 곳이 경기도 광주·이천·여주다. '계절의 여왕'이라는 4~5월에 열려 많은 인파가 몰리는 가운데 장인의 혼과 집념, 불과 흙이 빚어낸 형형색색의 도자기 향연이 펼쳐진다. 가슴팍까지 오는 대형 도자기부터 조막만 한 찻잔까지 크기가 천차만별이요, 그 빛깔도 인간이 아닌 신의 손을 거쳐 간 듯한 모습으로, 때로는 눈부시고 때로는 질박하고 때로는 사치스러운 듯도 하고…. 눈과 마음의 시장기를 가득 채워준다. 이 중 주전자에 잔을 얹은 특별한 모양의 '계영배戒盈盃'가 눈길을 사로잡는다. 겉모양은 크지도 화려하지도 않은 소박한 형태의 주기酒器에 불과하지만, 거기에 담긴 의미는 깊고도 넓다. 강원도 홍천에 전해오는 이야기다.

조선 후기, 홍천에서 질그릇을 굽던 우삼돌은 청운의 뜻을 품고 광주 분원으로 가서 명인 지외장의 제자가 된다. 그리고 밤잠을 잊은 채 도예에 매달린 끝에 명장이 되었다. 스승은 그의 이름을 본명보다 세련된 우명옥明玉으로 고쳐주고, 나라님도 그가 만든 반기를 치하하며 하사금까지 내린다. 전국에 소문이 나면서 막대한 돈을 모으자 이를 시기하던 동료들은 우명옥이 도자기에서 손을 떼게 하려고 소내강으로 꾀어내 기생들과 함께 먹고 마시고 즐기도록 한다. 새로운 세계에 빠지자 갖고 있던 재산은 한순간에 날아갔다. "남쪽에 내려가 질그릇을 만들어 팔면 수입이 쏠쏠하다"는 동료들의 제안에 따라, 배를 타고 가던 중 풍랑으로 모두 빠져 죽고 자신만 널빤지에 의지해 겨우 살아남았다. 그때 우명옥은 지난날의 방탕을 떠올리며 무언가 의미 있는 자기를 만들어보고 싶은 욕망이 용솟음쳤다. 다음 날부터 수개월을 정진한 끝에 명작 하나를 만든 후 스승을 찾아가 사죄와 함께 바치자 스승은 "이게 무엇이냐?"고 묻는다. 잔에 부은 술이 3분의 2쯤이면 그대로 남아 있지만, 가득 부으면 흘러내리는 것을 시연해 보이고는, 한때의 과욕과 자만심을 반성하며 계영배로 이름 붙였노라고 답

19세기 신윤복이 그린 〈주유청강〉. 한때 돈 벌고 흥청거리던 우명옥의 모습을 연상시킨다. "높이 오른 자가 절제하지 못하면 반드시 후회가 있다"(亢龍有悔)는 《주역》의 교훈도 그렇거니와, 이를 "가득 찬 것은 오래갈 수 없다"(盈不可久也)고 해석한 공자의 말씀과 맞아떨어지는 가르침이다.

한다. 스승은 탄복하고 세인들도 다시 찬사를 아끼지 않았다. 이 계영배는 당대의 거상 임상옥에게 넘어갔으며 어느 날 실수로 깨졌는데, 바로 그날 우명옥도 세상을 하직했다는 내용이다.

계영배는 '절주배'라고도 한다. 술은 백약의 으뜸百藥之長이지만 백 가지 독의 근원百毒之源이기도 한 만큼 절제하라는 교훈을 담고 있다. 사실 중국에서는 계영배의 교육적 메시지를 담은 기기敧器, 즉 '기울어진 그릇' 이야기가 수천 년 전부터 전해온다. '비어 있으면 기울고虛則敧, 절반쯤 차면 바르게 되고中則正, 가득 차면 쏟아진다滿則覆'는 것이다. 이는 춘추 시대 제나라의 환공이 늘 곁에 둔 채 자신의 과욕을 경계하고 군주로서의 바른 자세를 유지했다고 해서 '유좌지기宥坐之器'로 불리기도 한다. 결국 우명옥과 계영배의 일화는 '높이 오른 자가 절제하지 못하면 반드시 후회가 있다亢龍有悔'는 《주역》의 교훈도 그렇거니와, 공자가 이를 '가득 찬 것은 오래갈 수 없다盈不可久也'고 해석해서 제자들에게 가르쳤다는 사실과도 정확히 맞아떨어지는 교훈이다. 한편 이러한 현상을 서양에서는 파스칼의 원리 또는 사이펀siphon의 작용이라 하고, '피타고라스 컵'이라는 유사한 형태도 내려오고 있는데, 오늘날 수세식 화장실 변기의 물 내림도 그 원리를 응용한 것이다. 다만 여기에 단순한 과학의 차원을 넘어 동양의 경우처럼 '과욕을 경계하라'는 의미가 담겨 있는지는 의문이다.

경기도 이천에는 높이가 200미터에 가까운 효양산이 있다. 별로 험준하지도 그다지 높지도 않은 야산이지만 은혜 갚은 사슴, 중국 황제에게까지 알려졌다는 금송아지와 금 베틀, 재물이 끊임없이 쏟아진다는 화수분 등 다양한 옛이야기가 전해와 지역에서는 매년 '전설문화축제'라는 이벤트도 벌인다. 이 중 이해타산과 지나친 욕심을 경계하는 옹기 이야기는 이곳 '도자기비엔날레'에서 전시되는 계영배의 교훈과 맞닿아 있다.

어느 날 순박하고 우둔한 나무꾼 조씨가 이 산에서 주운 옹기에 물을 떠 와 낫을 가는데, 물은 줄지 않고 쓰는 만큼 늘어났다. 신기하게 여긴 그가 다른 물건들을 넣고 퍼내어보았더니 여전히 불어났다. 이

오늘날에는 휘황찬란하고 기기묘묘한 도자기들이 즐비한 가운데, 계영배 또한 크게 다르지 않다. 중요한 것은 모양이나 빛깔이 아니라, 그 속에 내재된 정신이요 참뜻이리라.

유가 궁금해진 조씨는 평소 마을에서 영리하고 계산이 빠른 것으로 소문난 사람에게 가져가 보여주었다. 하지만 그 자리에서 쌀과 은전 등을 얹고 시험해보았더니 허탕이었다. 영험이 사라진 한낱 낡은 질그릇에 지나지 않았다.

이러한 일화들이 주는 메시지는 지나침을 경계하라는 것으로, 오늘날 우리 사회의 논란거리 중 하나인 부모의 자녀 과보호 문제에도 적용된다. 이러한 현상을 빗대어 마마보이·캥거루족과 같은 말들이 회자된 지는 오래요, 자식 위에서 빙빙 돌고 있다가 필요하면 언제라도 내려와 해결해준다는 의미를 담은 '헬리콥터 맘'이나 전셋값이 폭등하자 분가해 살던 자식이 다시 본가로 들어온다는 '리터루족' 같은 기발한 신조어도 나오고 있다.

옛날 제법 법도 있는 가문에는 동자훈童子訓, 즉 어린아이들에게 교훈이 될 만한 것을 만들어 훈육의 지침으로 삼았는데, 이중 '서푼앓이'라는 의미심장한 내용이 있다. 아이에게 무언가를 해줄 때는 모든 것을 채우지 말고 서푼, 즉 30퍼센트 정도는 부족하게 하라는 뜻이다. 여력만 된다면 모든 걸 다 채워주고 싶은 심정이야 그때나 지금이나 매한가지일 텐데, 일부러 빼고 주게 되니 부모의 마음이 얼마나 아리겠는가? 우리가 흔히 쓰는 성어에 그에 대한 답이 있다. 《논어》에 나오는 '과유불급過猶不及'의 고사다. 자공이 공자에게 제자인 자장과 자하 중 누가 더 현명한지 묻는다. "자장은 지나치고 자하는 미치지 못한다"고 하자, 그러면 자장이 더 낫다는 말이냐고 반문한다. "아니다. 지나침은 모자람만 못하니라."

이제 또다시 봄이 오면 광주·이천·여주에서는 한바탕 도자기 마당이 펼쳐질 것이다. 조상의 혼과 정열, 이를 계승한 후예들의 피와 땀이 배어 있는 눈부신 작품들이 눈과 마음을 즐겁게 하고 감탄사를 연발하도록 해줄 것이다. 이때 안분지족安分知足과 과유불급을 떠올리며 계영배를 감상해보자. 아주 새로운 느낌으로 다가오리라. 조선조 후기 문인 유한준은 김광국이 펴낸 《석농화원》이라는 화첩의 서문을 다음과 같이 장식하고 있다.

알고 나면 진실로 사랑하게 되고 知則爲眞愛
사랑하게 되면 그때는 진실로 보이리라 愛則爲眞看.

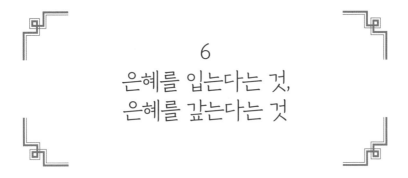

6

은혜를 입는다는 것,
은혜를 갚는다는 것

 오늘날 서울에서 대표적인 도회지로 평가받는 강남·서초·송파구 일대는 조선 시대는 물론이요, 일제강점기까지도 대부분 경기도 광주군에 속해 있던 전형적인 농어촌 지역이었다. 광주廣州는 그 지명답게 서울에서 가까운 지역 가운데 면적이 가장 넓은 고을이었다. 이러한 사실은 1872년 만들어진 지방지도에도 잘 나타나 있으며, 현재의 양재·논현·압구정·수서·일원·율현 등 유명세를 타고 있는 이 지역의 지명 역시 당시부터 내려오고 있는 이름이다. 주변 한강의 맑은 물이 흐른다고 해서 '청숫골'로도 불리던 청담동 역시 광주군 언남면 청담리였다. 이 청담동 아파트와 주택 사이에 자리한 청담공원에는 '홍순언과 강남녀의 전설'이라고 쓰인 비석 하나가 서 있어 호기심을 끈다. 이 지역 출신인 조선 중기의 역관 홍순언에 관한 이야기로 의미 있고 감동도 있다. 다만 이를 단순히 전해오는 설화 정도로 치부한 점이나 '강남녀'라고 칭한 것은 작위적이라는 생각이 들어 안타깝다. 그 이유는 이제부터 살펴보는 상세한 줄거리를 보면 수긍이 가지 않을까 싶다.

1392년 조선을 건국한 태조 이성계에게는 커다란 고민거리가 있었다. 역성혁명을 통해 새 왕조를 세우는 과정에서 수많은 고려 충신을 제거하는 등 적잖은 무리수로 민심이 흉흉했으며 특히 개경파를 중심으로 저항이 지속되는 마당에, 집권의 정당성마저 부인되는 대형 외교 문제가 터진 것이다. 이른바 '종계변무宗系辨誣'로, 중국의《대명회전》과《태조실록》에 '이성계는 이인임의 아들'이라고 잘못 기록된 것이었다. 이는 윤이·이초 등 당시 정적들이 명나라로 도망가 이성계의 혈통을 조작, 비방한 결과였다. 이인임은 고려 말 막강한 권력과 전횡을 일삼다 결국 이성계 일파에 밀려 유배된 인물이다. 자신이 쫓아내고 부관참시까지 했던 자의 아들이라니 기가 찰 노릇이었지만 명나라의 공식 기록에 버젓이 들어 있는지라, 참으로 심각한 일이었다. 이때부터 수시로 사람을 보내 사실관계를 증명하며 시정을 요구하고, 명의 사신들이 조선에 올 때마다 각별히 대접해가며 신신당부했지만 차일피일 미루기만 할 뿐이었다. 명으로서는 조선을 길들이기에 아주 좋은 외교 카드였으며, 이러한 형태로 200여 년을 끄는 동안 역대 임금들의 숙원 현안이 되었다.

조선 중기인 선조 때였다. 종계변무를 위한 사신단이 중국으로 또다시 떠났고 거기에는 역관 홍순언도 끼어 있었다. 중국 연경의 청루기생집에서 흰옷 입은 미인을 만난 그는 소복 차림을 한 이유를 묻던 중 "양쯔강 이남인 절강성 출신으로 고위 관료였던 아버지가 역모로 몰려 죽는데 상을 치를 돈이 없어 이곳에 왔다"는 말을 듣는다. 특유의 의협심이 발동한 홍순언은 자신이 관리하던 공금까지 몽땅 내주고는, 집요하게 이름을 묻는 여인에게 '조선에서 온 홍 역관'이라는 말만 남긴 채 곧바로 자리를 뜬다. 조선으로 돌아온 홍순언은 공금 횡령으로 옥에 갇혀 죽음을 기다리는 신세가 된다. 수년이 지나 종계변무 문제가 다시 거론되면서 선조는 비장한 투로 "이 문제가 해결되지 않는 데는 통역을 제대로 못 한 탓도 있는 만큼 이번에도 해결되지 않으면 역관들을 처형할 것이다"라고 선언한다. 고민에 빠진 역관들은 궁리 끝에 홍순언은 옥에 있든지 사신으로 가든지 죽기는 매한가지라며 그가 횡령한 돈을 갚아주고는 이번 사신단에 대신 포함시킨다.

국경을 막 지났을 무렵, 중국 측에서 전례 없이 영접단을 대기시켜 놓았고, 거기에는 어느 지체 높은 고관과 천하절색의 여인도 섞여 있었다. 모든 게 믿기지 않는 상황이었고, 곧이어 더 황당한 일이 일어났다. 사람을 시켜 '홍 역관'을 찾더니, 그 고관과 여인이 홍순언에게 다가와 "은부님!" "은장어른!" 하고는 절을 했다. 은부恩父는 은혜로운 아버님이요, 은장恩丈이란 은혜로운 장인이 아니던가? 여인은 오래전 청루에서 만났던 류씨 부인이고, 고관은 그녀의 남편이

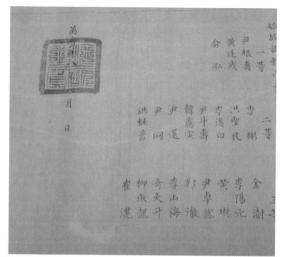

자 명나라의 예부시랑인 석성石星이었다. 귀빈으로 모셔진 홍순언에게 종계변무 사건의 내력을 소상히 들은 석성은 외교를 관장하는 자신의 위치를 십분 활용해 조선의 200년 묵은 숙원을 해결해준다. 돌아오는 길에는 류씨 부인이 홍순언의 은혜를 생각하며 한 땀 한 땀 '보은報恩'이라고 수놓았다는 비단 100여 필을 전해 받는다. 이러한 연유로 홍순언이 선조로부터 받은 사패지가 있었던 지금의 을지로2가 일대를 세인들은 보은단동報恩緞洞, '보은의 뜻이 깃든 비단 마을'이라고 칭하게 되었다.

그 보은의 인연은 여기에 그치지 않았다. 10여 년이 지나 임진왜란이 발발하자 선조가 의주까지 파천한 가운데, 조선의 명군 파병 요청이 새 현안이 되었다. 이때 다시 홍순언이 주청사의 일원으로 파견되고, 묘하게도 그 시기에 국방 문제를 총괄하는 병부상서로 재임하던 석성이 나서 부정적이던 중국 조정의 여론을 돌려놓는다. 조선 파병이 결정된 것이다. 이처럼 홍순언은 임진왜란 하면 떠오르는 충무공 이순신을 비롯해 유성룡, 권율, 김시민 등등의 인물과는 또 다른 의미로 나라를 구한 수훈자였던 셈이다. 이러한 공로로 홍순언은 중인 계급에 불과한 역관으로서는 파격적으로 공신 반열에 올라 궁을 지키는 종이품의 '우림위장'에 임명되는 한편, '당릉부원군'에 봉해졌다.

명과 암은 함께 오는 것인가. 왜란이 끝난 후 석성은 명나라의 조선 원군에 따른 국력 소진과 그 틈새를 노린 후금의 흥기를 초래했다는 죄목으로 투옥되었다. 죽을 수밖에 없는 운명임을 간파한 석성의 옥중 유언에 따라 류씨 부인 등 가족은 조선으로 피신해 숨어 살게 되었다. 이에 선조는 그들에게 '해주'를 본관으로 내리고, 살 집과 토지 등도 하사했다. 이것이 오늘날 1,000여 명에 달하는 해주 석씨들이 이 땅에서 살아가고 있는 내력이다. 이러한 사실에 관한 묘사는 그 내용과 형태가 때때로 조금씩 달라지기는 하나, 명의 종계변무 및 파병과 관련한 홍순언의 공적에 대해 실록은 물론 《청관지》와 《택리지》 등 여러 문헌에 반복 기록되고 있다. 그런데도 앞서 언급한 것처럼 이를 단순히 전설 차원의 '설화'로 표현하는 것은 다소 무리인 듯하고, 류씨 부인이 양쯔강 남쪽 출신인 점에 빗대어 '강남녀'라고 부르는 것 또한 그녀를 희화화하지 않을까 우려스럽다.

어린 시절 무협지를 탐독하면서 중국인은 보은과 복수, 곧 은원관

恩怨觀에 대해 특별한 집착이 있는 것 같다는 느낌을 받았다. 그러나 세월이 지나 중국 문화에는 은혜든 원한이든 되돌려준다는 '보報'의 원리가 작동하고 있고, 또한 '은혜는 은혜로, 원한은 원한으로 갚는다有恩報恩'거나, '은혜를 갚지 않으면 소인이요, 원한이 있는데도 복수하지 않으면 그 역시 군자가 아니다有恩不報小人, 有讐不報亦非君子' 등 몇몇 속담을 알고 난 지금은 그 정서를 약간이나마 이해할 만도 하다. 그런 연유일까, 중국에는 유독 보은 또는 배은에 관한 이야기가 많다.

그중 2200년 전 초나라 왕이던 한신과 빨래하는 아주머니에 얽힌 '표모묘漂母墓'의 사연은 특히 상징적인 고사다. 한신이 동네 건달들의 가랑이 밑을 기는 수모, 즉 과하지욕跨下之辱까지 감내하며 미천하게 지내던 시절, 낚시하던 그에게 냇가에서 빨래하던 아낙이 측은히 여겨 밥을 주곤 했다. 한신이 고마워 "나중에 크게 되면 반드시 은혜를 갚겠다"고 하자, 그 아낙은 "왕가의 피를 이어받은 젊은 사람이 빈둥대지 말고 웅지를 가져라"고 용기를 북돋워준다. 세월이 흘러 자신의 고향 땅을 다스리는 초나라 왕에 올라 금의환향한 한신이 보답을 하려 했으나, 아낙은 이미 죽은 후였고 결국 고향인 강소성 회음현에 그녀를 기리는 큰 묘와 웅장한 사당을 지어주었다. 오늘날에도 이를 일반천금一飯千金, '밥 한 그릇을 천금으로 갚았다'는 뜻으로 사용하고 있는 가운데, 세인들은 정작 한신의 어머니 묘는 잘 몰라도 이 표모묘에는 관람의 발길이 분주하다. 고려 시대 이제현이 남긴 '회음표모묘'라는 시의 내용이다.

한 여인네조차 영웅이 될 인물을 알아보고는 婦人猶解識英雄

곤궁한 처지의 그를 위로하고 격려했건만 一見慇懃慰困窮

스스로 인재를 저버려 결국 적국을 도운 꼴이니 自棄爪牙資敵國

항우의 눈동자가 둘이란 말도 허언이로구나 項王無賴目重瞳

이러한 보은의 이야기는 우리나라로 이어지기도 한다. 임진왜란이
한창이던 1593년 명나라로 가는 사신단에 표옹 송영구도 기록을 담
당하는 서장관으로 포함되었다. 그가 북경의 숙소에 머무르던 중 어
느 청년이 불 때는 허드렛일을 하며 경전을 읽는 것을 목격하고는 데
려다 사정을 물었다. 과거를 보기 위해 시골에서 상경했지만 몇 차례
낙방한 후 체류 비용을 마련하고자 아르바이트를 하고 있던 주지번이
라는 젊은이였다. 자질을 테스트해보니 실력은 상당했으나 답안 작성
이 서툴렀다. 그를 기특하게 여긴 송영구는 요즘 식으로 족집게 과외
를 하며, 과거 시험에 도움이 될 만한 책 몇 권과 갖고 있던 돈까지 쥐
여주었다.

주지번은 과거에 급제한 후 명에서 대단한 문재文才로 인정받게 된
다. 이부시랑으로 있던 1606년에는 외교사절단의 단장으로 조선을
방문했는데 임무를 마치고는 서둘러 송영구를 찾아 나선다. 그때 송
영구는 대사간·경상도관찰사 등을 지내고 고향인 익산으로 물러나
있었다. 익산으로 가는 길에 전주 객사에 하룻밤 머물던 중 그곳 수령
의 요청으로 '풍패지관豊沛之館'이라는 편액을 써주는데, 이는 국내에 현

존하는 편액 글씨 중 가장 큰 것으로 알려져 있다. '풍패'란 한나라를 세운 유방의 고향을 일컫는 말로, 결국 전주가 조선 건국자 이성계의 본향임에 빗댄 것이다. 이어 마음의 스승心傳인 송영구를 찾아가 중국 서책 등을 선물로 전한 후 '망모당望慕堂'이란 당호의 글씨도 남긴다.

누군가에게 은혜를 입고 갚는 일은 인간의 공통된 정서인 만큼 서양이라고 예외는 아니다. 영국 런던에서 1시간쯤 떨어진 작은 도시 코번트리의 대성당 앞에는 말을 탄 채 고개를 숙이고 있는 나체 여인의 상이 있다. 성스러운 공간에 나체의 여인이라니 의아하게 다가오기도 하지만 거기에 깃든 사연은 거룩하기만 하다. 11세기에 이 고장을 다스리던 영주인 레오프릭 백작에게는 아름답고 독실한 믿음을 가진 고다이바라는 열여섯 살의 어린 아내가 있었다. 그녀는 평소 이곳 사람들이 과중한 세금 등으로 힘들어하는 모습을 잘 알고 있었다. 수차에 걸쳐 이를 남편에게 전하면서 백성의 부담을 덜어달라고 탄원하지만 남편은 들어주지 않았다. 다만 덧붙이기를 "그토록 백성을 진정으로 사랑하니 알몸으로 성내를 한 바퀴 돌고 오면 고려해보겠다"고 한다. 평소 지나칠 정도로 정숙한 아내임을 알기에 상상조차 할 수 없는 제안을 한 것이다.

그런데 반전이 일어났다. 하루를 고민하던 아내가 제안을 받아들이겠다고 폭탄선언을 하고는, 어느 날 실오라기 하나 걸치지 않은 채 흰 말에 올라 마을을 순회한다. 소문을 들은 사람들은 외출을 일절 삼가는 것은 물론, 실내에서도 밖이 보이지 않도록 커튼을 내렸다. 그때

존 콜리어 작(1898년). 자칫 선정적인 그림인 듯 보일 수 있지만, 내면의 메시지는 숭고함이다. 오늘날에는 초콜릿 브랜드로도 널리 알려져 있는데, 그 로고로 레이디 고다이바의 그림이 사용된다. 고귀함을 기리려는 것인지 그 이미지를 상품에 활용하려는 의도인지 언뜻 이해는 가지 않는다.

톰이라는 청년이 커튼을 살짝 젖히고 내다보려는 순간 틈새로 들어오는 강렬한 햇살에 눈이 멀었다는 이야기도 전해 온다. 아무튼 성스러운 정적 속에서 마을 순회 파동은 끝났고, 남편 레오프릭도 감동받아 아내의 제안을 전폭 수용해 선정을 펼치게 되었다.

이 일화로 인해, 영어의 관용어로 '불의에 대항해 고정관념과 관습을 뛰어넘는 역발상'이라는 뜻의 고다이바이즘Godivaism과 '엿보기 좋아하는 사람'이라는 의미의 피핑 톰Peeping Tom이라는 말이 탄생하기에 이른다. 서양인들에게는 그만큼 감동적인 스토리로 널리 회자되고 있다는 징표다.

빛이 있으면 어둠도 있는 것이 자연의 이치인 것처럼, 보은이 있으면 배은背恩도 있는 것이 인간사의 모습이다. 한식寒食은 설날·단오·추석과 더불어 4대 명절 중 하나다. 그 유래에 관해 고대의 종교적 풍속에서 찾기도 하고, 봄바람이 심해 불을 금하고 찬밥을 먹던 관습에서 비롯된 것으로 보기도 하는 등 여러 갈래지만, 그중에서도 많은 이들에게 교훈을 주는 것은 2700여 년 전 개자추介子推의 전설이다.

중국 춘추 시대 진晉의 문공은 권력 게임에서 밀려나 천하를 주유

했다. 이때 그를 따르던 신하들 중 개자추는 주군이 배고파 쓰러지면 자신의 허벅지 살을 베어 끓여 먹일 정도로 충직한 인물이었다. 19년간의 방랑이 끝나고 문공이 다시 권좌에 오르자 과거 추종자들이 공을 다투면서 '인의 장막'이 쳐지고, 이 과정에서 개자추는 문공의 관심에서도 밀려난다. 뒤늦게 이를

중국의 고문헌 《동주열국지》에 포함된 삽화. 상단에 '개자추가 뜻을 굽히지 않자 면산에 불을 질렀다'고 적고 있다. 수천 년을 지나도록 인간의 기본 명제인 보은과 배은에 대한 경계의 메시지를 보내고 있다.

비난하는 백성들의 글이 나붙자 문공은 개자추를 찾아 나서지만, 그는 모든 것을 털어버린 채 면산 깊은 곳에 어머니를 모시고 들어가 살고 있었다. 산중을 모두 뒤졌지만 허탕을 친 문공은 급기야 개자추를 밖으로 나오게 하기 위해 산에 불을 질렀다. 불이 꺼진 후 개자추는 어머니와 함께 큰 나무를 끌어안고 불타 숨진 채 발견되었다. 문공은 회한의 눈물을 흘리며 명한다. "앞으로 매년 오늘은 불을 써서 밥을 짓지 말고 찬밥寒食을 먹도록 하라!"

이 고사에서 오늘날에도 회자되는 많은 이야기가 파생된다. '자신의 살을 도려내 가면서까지 주군을 받든다'는 할고봉군割股奉君과 '자신의 공을 하늘의 공에 빗댄다'는 탐천지공貪天之功의 사자성어는 물론이요, 특히 오늘날 흔히 쓰는 '조카'라는 말의 유래도 여기에서 시작된

다. 문공은 개자추가 불타 죽는 순간에도 끌어안고 있던 나무로 만든 나막신을 늘 신고 다니며 딸깍 소리가 날 때마다 '비호족하悲乎足下'라고 중얼거린다. '발아래 있는 그대를 생각하니 슬프기 그지없다'는 뜻이고, 여기의 '족하'란 말이 세월이 흘러 가까운 사람을 이르더니 이제는 조카로 변질되었다.

이괄李适은 조선왕조가 끝나도록 신원되지 않은 역신이다. 그는 본래 1623년 인조반정에서 광해군을 몰아낸 용장이었다. 그러나 평안도 병마절도사로 밀려나 있던 중 1만 2,000여 명의 군사를 끌고 한양으로 내려온다. 역사는 이를 '이괄의 난'이라 칭하고, 조선 시대에 지방군이 사흘 동안 한양을 점거한 채 새 임금을 옹립함으로써 '삼일천하三日天下'라는 말을 낳게 했던 미증유의 반란 사건으로 규정한다.

반란의 동기에 관해서는 논란이 있다. 그가 본디 용맹스러운 무장으로 충성스러운 인물이었으나 반정세력 내부의 모함으로 모반을 획책할 수밖에 없었던 불가피성을 지적하는가 하면, 이괄이 인조반정 후 논공행상에서 2등 공신에 봉해지고 변방으로 내쳐진 데 불만을 품고 흉계를 꾸민 것으로도 평가하고 있다. 인조 자신도 "이괄은 충의스러운 사람인데, 어찌 반심을 지녔겠는가?"라며 의아해하지만, 배은에 대한 섭섭함이란 그 누구를 떠나 동일하다는 교훈을 남기고 있다.

2016년 9월, 중국 항주에서 열린 한중 정상회담에서 시진핑 주석이 모두 발언을 하면서 '물을 마실 때는 근원을 생각한다'는 음수사원飮水思源의 고사를 거론한다. 한반도 내 사드 배치 문제 등을 둘러싸고 갈등이 증폭되던 시점이었다. 항주가 과거 중일전쟁의 틈바구니에서 대한민국 임시정부가 한때 머물렀던 곳이고 당시 중국 측이 이를 보호했음을 은연중에 부각해 은혜에 대한 보답을 하라는 메시지와 함께, 한·미 밀월관계에 불편한 심기를 드러낸 것이다. 이에 대해 당시 임시정부를 보호한 것은 장제스가 쫓겨 가 세운 지금의 대만이지 1949년 출범한 중화인민공화국이 아닐 뿐 아니라, 한국전쟁의 발발 책임과 한반도 분단 고착화에 대한 중국 공산당의 책임은 어찌 설명할 것이냐는 등 반론도 만만치 않았다.

시진핑이 은혜를 갚으라는 메시지로 거론한 '음수사원'은 6세기 중국 남북조 시대 양나라의 문인이었던 유신의 《유자산집》에서 비롯된다. 당시 그는 서위西魏에 사신으로 갔다. 거기서 머무는 동안 서위에 의해 고국 양나라가 멸망하자 고향 땅으로 돌아가려 했다. 하지만 서위의 황제가 그의 명망을 탐내 재상에 임명하는 등 회유성 억류를 함으로써 부득이하게 그곳에 발이 묶이는 신세가 된다. 후에 서위가 북주에 복속되기까지 28년이나 인질 생활을 했지만 자신을 낳고 키워준 고향에 대한 고마움과 보은하고자 하는 마음은 여전하다. 급기야 48세 되던 해에 이러한 심경을 토해내니 이것이 〈징주곡徵周曲〉이다.

열매를 따 먹을 때는 그 나무를 생각하며 落其實者思其樹

물을 마실 때는 그 근원을 마음에 품는다 飮其流者懷其源

7
기우제,
용호상박의 샤투

농업국가 시대에 비는 생명수였다. 운 좋게도 비가 제때 내려주면 온 백성의 얼굴에 희열이 가득했으나, 오랫동안 하늘이 마르면 땅도 마르고 그해에는 유리걸식하는 사람이 속출하는 데다 굶어 죽는 사람마저 여기저기 발생하니 나라 전체가 흉흉한 기운으로 덮였다. 이런 이유로 옛사람들은 비가 제때 내리면 '쌀이 쏟아진다'고 표현했다. 그러나 불행히도 가뭄이 드는 해가 훨씬 많아 백성을 배불리 먹게 해야 하는 나라님으로서는 매년 하늘의 조화에 마음 졸여야 했다. 가뭄이 계속되는 것을 자신이 부덕한 탓으로 받아들이면서 스스로 반찬 가짓수를 줄이고, 근신 차원에서 허름한 초옥 생활까지 했다. 더불어, 억울하게 옥에 갇힌 죄수들을 찾아내 풀어주고 과부와 고아를 구휼하는 등 온갖 원혼 달래기에 나서는데 이를 '기우칠사 祈雨七事'라 했다.

한편, 종묘와 사직단은 물론이요, 조정 대신들로 하여금 명산대천을 찾아 천지신명에게 기우하도록 했으며 드물게는 임금이 직접 나서 기도 했다. 일찍이 《삼국사기》와 《고려사》의 기록에 이어 《조선왕조실록》에는 기우제에 대한 언급이 무려 1,450여 회나 나와 이를 방증하고 있으며, 어림잡아도 매년 세 차례 정도씩은 홍역을 치러야 하는 주요 국정 현안이었다.

> 이것은 저의 부덕한 소치이니, 하늘에 죄를 얻어 재앙과 허물을 부른 것 마땅합니다. 어찌 감히 탓하겠습니까? 다만 불쌍한 것은 백성의 굶주림이 거듭되고, 나는 새와 물속의 고기, 풀과 나무가 모두 마르고 야위는 데에 이르는 것입니다. 《태종실록》 1407년 6월 28일

이러한 기우제는 나라에서 주관하는 국행기우제와 민간 차원에서 치르는 형태로 크게 구분한다. 국행기우제의 경우, 많게는 무려 열두 차례까지 장소와 형태를 바꿔가며 진행하는데 경기도 포천의 한탄강 상류에 위치한 화적연은 열두 번째, 즉 12차 기우제 장소였다. 주변 산수가 환상적으로 어우러져 오늘날 국가지정문화재 명승 제93호로 선정되었을 뿐만 아니라, 물 위로 불뚝 솟아오른 형상과 그 의미를 살펴보면 기우 장소로 삼기에 참으로 적합한 곳이라는 생각이 든다.

겸재 정선이 그린 화적연의 기괴한 바위가 지나치게 우뚝하다. 그 또한 당시 민초들의 열망을 담아 볏단을 최대한 높이 쌓아놓은 모습으로 표현한 것이 아닐까 싶다.

　우선, 모습이 볏단을 쌓아놓은 듯하다고 해 '볏가리 소', 즉 '화적연禾積淵'으로 불리고 있으니 비를 쌀로 여겼던 옛사람들의 간절한 심정에 부합하는 데다, 《여지도서》에 실린 다른 이름 '유석향乳石鄕'도 여인의 젖가슴을 닮은 바위라는 뜻을 갖고 있는 만큼, 과거 기우제에서 여성의 음기를 모으는 데 초점이 맞춰진 것과 절묘하게 어울린다. 한편 이 바위는 용의 형상을 한 것으로도 여겨지고 있는데, 본디 기우 행사의 주류는 용신제龍神祭다. 이를 대변하는 전설도 내려온다. 옛날 어느 농부가 3년 가뭄이 들어 낙심하다가 이 연못가에 앉아 '용이 3년째 잠만 자고 있으니 큰일'이라고 탄식하며 간절히 기원하자, 갑자기 못물이 뒤집히면서 용이 승천하고 밤부터 비가 내렸다는 이야기다.

　예로부터 동양 문화권에서 용은 물속에 사는 수신水神이다. 용이 하늘로 올라가면서 먹구름과 거센 바람을 일으켜야 비가 온다고 믿었다. 그런 용이 물속에 웅크리고 있으니 가뭄이 드는 것이다. 그러나

용이 실재하지 않으니, 비슷한 형상을 한 동물이나 물건을 대상으로 하는 유감주술類感呪術을 사용하게 되었다. 때로는 화룡畫龍을 놓고 빌거나 흙으로 빚은 토룡을 질질 끌고 다니는 한편, 도마뱀 또는 도롱뇽을 물동이에 넣고는 청색 옷을 입은 동자들로 하여금 버드나무 가지로 때려가며 자극하기도 했으니, 이를 '석척蜥蜴: 도마뱀을 이르는 한자어기우'라 한다. 이때 동자들이 외는 주문에는 당시 사람들의 처절함이 배어 있다. "도마뱀아 도마뱀아 / 안개를 토해내고 구름을 일으키라 / 비를 내려 흥건히 적시어 / 속 타는 이 마음을 씻어주어라."

하지만 보통은 용연·용지·용추·용소·용택 등 용이 살고 있다고 믿는 물가에서 용신에게 제祭를 지냈다. 특히 침호두沈虎頭라는 적대적 이벤트도 있었는데, 물속에서 자고 있는 용을 깨울 수 있는 지상의 동물은 호랑이뿐이라는 발상에서 비롯되었다. 호랑이 머리 또는 그 모양을 물속에 넣어 수신인 용과 싸움을 시키는 '용호상박'의 사투로, 용산·박연폭포·양화진을 비롯한 전국 주요 산천에서 행해졌다.

농경사회에서 강우는 나라의 명운과 백성의 생사가 달린 문제인 만큼, 기우제에는 유불선의 종교적 수단은 물론이요 민간의 무속신앙·관습·풍속 등 가능한 모든 상상력이 동원된다. 사찰에서 비 오기를 기원하는 대형 법회를 열어 신통력을 기대하거나, 소격전조선 시대에, 하늘과 땅, 별에 지내는 도교의 초제(醮祭)를 맡아보던 관아이 나서서 천지와 별에 제사를 지내는 초제를 연다. 가장 보편적인 음양론도 빠지지 않는다. 산 정상에서 양기인 불을 일제히 놓아 음기인 비구름을 끌어오고, 여인들은 산 위에 올라 일제히 방뇨하는가 하면, 냇가에서 키에다 물을 퍼서 뒤집어서 물줄기가 비처럼 내리도록 하다가 단체로 목욕을 한다. 한양의 남문인 숭례문을 닫아거는 대신 북문을 활짝 열고 북쪽에 있던 시장을 남문 일대로 옮긴다. 여인과 북쪽은 물을 상징하는 음풍이 충만하다는 믿음에서 비롯된 것이다. 한편 명산의 명당 터에 암장된 묘를 찾아내 시신을 훼손하거나, 동물의 생피를 용이 살 만한 곳에 뿌려 그 신성성을 더럽힘으로써 이를 씻기 위해 비를 내리도록 하기도 한다. 이른바 '부정화不淨化'의 고육지책이다.

각종 기우제에는 많은 무속인이 참여했다. 그들이 하늘과 땅을 교감시키는 매개자라는 믿음 때문이다. 국행기우제의 경우, '취무도우聚巫禱雨'라고 해서 많게는 전국에서 용하다는 무당 수백 명을 불러 모으기도 한다. 이때 가뭄의 책임을 이들에게 전가해 솜옷을 입고 머리에

도승지가 "무릇 고사에 따라, 호랑이 머리를 물에 빠뜨려 놓고(沈虎頭), 철시 등 온갖 방법을 행해도 비가 내리지 않는다면, 어전을 옮기거나 수라상의 음식을 줄이는 것(減膳)도 시행해볼 만하겠습니다"고 진언했다. 《성종실록》 1479년 7월 5일)

화로를 인 채 땡볕에 서 있도록 하는 등 가학성의 논란이 제기되기도 했다. 여하튼, 무속인이 인간의 길흉화복에 관여한 지는 오래고, 기우제 또한 동서를 넘나들고 고금을 잇는다. 단군 신화에 환웅이 이 땅에 내려올 때 데려온 풍백·우사·운사는

모두 비를 관장하는 신으로 농경에 필수 불가결한 존재이며, 단군왕 검도 결국 제사장이자 통치자로서 제정일치 사회임을 반영하고 있다. 일본 신화에서 나오는 신들의 이름 끝에 '미코토命'라는 말이 자주 등 장하는데, 이 역시 무당巫人, 毗古을 높여 부르는 호칭이다. 한편 풍광이 빼어난 명산대천에서 무당이 춤추며 비가 오도록 주술을 부리던 사 실은, 실록 등 각종 기록에서 기우제 장소를 '무우舞雩'라고 칭한 것과, 2000년 전 공자가 살던 춘추전국 시대에도 '춤추는 기우제'로 불려왔 음을 통해 확인할 수 있다. 《논어》 '선진 편'에 나오는 일화다.

> 공자가 제자들에게 각자의 소원을 묻자, 증석曾晳이 "늦은 봄, 제철 옷
> 을 갖추어 입고 대여섯 명의 어른, 예닐곱 명의 아이들과 함께 기수
> 沂水에서 목욕하고 나서 무우舞雩에 올라가 바람을 쐬며 시나 읊다가
> 돌아오면 족하겠습니다"라고 답했다.

한편 불교식 기우제의 백미는 역시 낭랑한 스님의 목소리에서 나오 는 용왕경이다. "성신 대덕천해 일월 용왕대신 사해바다 용왕대신 오 방수부 용왕대신 엄엄급급 여률령 사바하…." 지금부터 1400여 년 전 인 수나라 시절, 날씨가 몹시 가물어 모든 곡식이 타서 죽어가고 먹을 물조차 고갈되는 등 아비규환이었다. 보다 못한 영은산 남천축사의 진관 스님이 용왕에게 축문하는 불경을 만들어 읽었는데, 서문 낭독 을 마치자 전국에 단비가 고루 내려 온 백성이 기뻐했으며 진관 스님

을 신선으로 불렀다고 전한다.

어린 시절, 어른들이 오래도록 비가 안 와 땅이 쩍쩍 갈라진 모습을 보며 "한발이 지나치다" "한발이 심해 풍년 되기는 글렀다"며 한숨을 푹푹 내쉬던 기억이 새록새록하다. 무심코 듣고 흘린 '한발旱魃'이란 단어는 '가뭄의 귀신'이라는 뜻인데, 이 말에는 중국의 오랜 신화가 깃들어 있다. 《산해경》·《시경》 등에 나오는 기원전 2600여 년 전 이야기를 재구성해보면 이렇다.

모든 정사를 자신이 직접 관장하던 황제에게 치우가 반기를 들어 싸움이 일어났다. 초반에는 치우가 '전쟁의 신'답게 황제를 몰아쳤다. 힘이 부친 황제는 '홍수의 신' 응룡應龍을 불러 막게 했으나 치우가 풍백風伯과 우사雨師를 동원해 거대한 비바람을 일으켜 응룡을 괴멸시켰다. 급기야 황제는 자신의 딸이자 불의 신인 한발旱魃을 인간세계에 내려보내 비바람을 막게 해 결국 치우를 굴복시켰다. 그러나 이들은 치열한 전투로 탈진해 하늘로 돌아가지 못한 채 응룡은 남쪽에, 한발은 북쪽에 살게 되었다. 성질이 활달한 한발은 한곳에 오래 머물지 못하고 사방을 돌아다닌다. 가는 곳마다 그녀의 몸속에서 나오는 뜨거운 열기로 극심한 가뭄이 들었다.

한발의 신화는 이로부터 1600여 년이 지나 또다시 등장한다. 《삼국지》에 나오는 관우와 얽힌 사연이다. 중국인에게 무예의 신이자 재물의 신으로 받들어지며, 충직과 의리의 화신인 데다 붉은 얼굴은 사악함을 물리치는 벽사辟邪의 상징이다. 그런 이유일까? 청나라 시절에는 그를 기리는 사당이 수만 개로, 공자를 모시는 문묘보다 더 많았을 만큼 중국인들이 가장 존경하는 역사 인물 중 한 명이다. 송나라 진종 시절 극심한 가뭄이 들자 전전긍긍하던 황제가 어떤 도인에게 도움을 청했다. 도인은 술법을 부려 관우의 영혼을 불러온다. 관우의 영혼은 수일에 걸쳐 격렬한 싸움을 벌인 끝에 한발을 물리친다. 이날이 음력 5월 13일이었고 중국에서는 그가 쓰던 청룡언월도를 간 날이라는 뜻에서 '관우 마도일關羽 磨刀日'이라고 한다. 18세기 《연행록》에도 '관제묘에 들렀는데 마침 오늘이 관공 마도일이었다'는 내용이 보이고, 오늘날까지 복을 기원하는 축제로 이어지고 있다. 아무리 심한 가뭄도 이 마도일을 넘기지는 못한다는 속설과 믿음이 여기서 비롯되었다.

일본은 지리적 특성상 태풍과 강우량이 상대적으로 많은 나라임에도 기우제의 횟수나 다양성은 한·중 못지않았다. 또 동양 문화권이라는 동질성에 따라 용신제를 지내거나 산 위에서 불을 지르는 등 음양론에 뿌리를 두는 경향도 유사하다. 다만, 전국에 포진한 신사에서 기우제를 지내고 그곳의 우물에서 물을 길어 논밭에 뿌리는 것은 신사의 영험을 믿는 그들만의 고유한 정서에서 비롯되었다.

태국의 경우는 불교 국가인 만큼 대부분의 기우제가 불교식으로 경건하게 치러지지만, 민간에서는 수컷 고양이가 한재旱災를 가져온다는 믿음에 따라, 비를 싫어하는 고양이에게 집단으로 물을 뿌리거나 심지어 고양이를 물속에 집어넣는 등 고양이가 수난을 당하는 것이 특이하다.

한편 인도인들은 기우제 때 주로 소와 양을 제물로 삼는다. 그들이 신성시하는 소까지 제단에 바치려는 성심의 표현으로, 소를 잡는 데 대한 터부 의식이 비교적 옅은 대장장이를 제관으로 내세우는 경향도 보이고 있다. 특히 인도 서부 지역에서는 '초우'라는 가면극이 전해진다. 연중 강우량이 거의 없다시피 하기에 그나마 우기라고 할 수 있는 4월에는 연극을 거의 매일 하는데, 등장인물들이 비에 대한 천지신의 감응을 받으려는 농민들의 소망을 담아 바닥을 힘차게 밟고 북을 두드리는 주술성 연극이다. 서양의 기우제 이야기는 일찍이 그리스·로마 신화에서부터 시작된다. 여기에서 제우스는 최고의 신으로 하늘과 기후를 주관한다. 따라서 천둥과 번개, 비와 바람을 보내는 것도 그의 소관이다. 그러니 기우 행사에서 그를 상징하는 신목 떡갈나무를 물에 적셔 비를 내려달라고 기원하는 것은 당연한 방식이었다. 《구약성서》에는 하느님이 가뭄을 일으키는 엘리야를 통해 사람들이 이교도를 믿지 못하도록 하는 장면이 나오는데, 이 또한 기우의 상징성을 나타내는 것으로 보인다.

로마를 가로지르는 테베레강은 과거 로마 제국의 뿌리이자 이탈리아의 젖줄로서 우리의 한강과 같은 존재다. 그런 이유로 로마인들은 기우제 때 성스럽게 여기는 작은 신상神像을 이 강에 흘려보냄으로써 비에 대한 간절하고 절박한 소망을 나타낸다.

러시아에서는 몇몇 사람이 신목에 올라가 한 명이 망치로 빈 솥을

쳐 천둥소리를 내면 다른 한 명은 불붙은 두 자루의 나무로 벼락 치는 시늉을 하고, 또 다른 한 명은 그릇에 담긴 물을 뿌려 비가 내리는 퍼 포먼스로 기우제를 진행한다.

기우제 이야기가 나오면 늘 거론되면서 한낱 우스갯소리로 회자되는 말이 있다. "인디언들이 기우제를 지내면 반드시 비가 온다. 왜 그럴까? 비가 올 때까지 지내니까…." 정말 비가 올 때까지 기우 행사를 하는지에 대한 여러 실증적인 연구가 이루어지고 있는 가운데, 사실 여부에 대한 논란도 있다. 이 기우제의 주인공은 북미 애리조나 사막 지대에 사는 원주민인데 이런 곳에서 농사를 지어가며 살아남기 위해

인디언 무속인들이 광란에 가까운 춤을 추고 있다. 삶의 환희를 노래하는 축제가 아니다. 생존을 향한 처절한 몸짓이다. 탈진할 즈음에야 갈구하던 빗소리가 들린다.

비는 더욱 절실했을 것이다. 그런 그들에게 기우제가 곧 삶 자체임을 시사하고 있다는 점만큼은 확실한 듯하다.

이들로부터 탄생한 의미 있는 단어가 '레인메이커rainmaker'다. 비를 부르는 사람이라는 이 단어는 그들의 결속된 힘을 상징하기도 하지만, 대체로는 그 기우제를 주관하는 주술사를 가리킨다. 과거 우리의 기우제를 이끌던 무당과 유사하다. 그러나 우리의 무당과 달리 그들에 대한 평가는 세월이 갈수록 의미와 영예를 더해간다. 오늘날에는 끈기와 집념, 불굴의 의지를 교훈으로 삼는 '인디언 기우제' 정신이 경영학 등에 접목되는가 하면, 레인메이커도 '은총을 가져오는 자' '실적 우수자' 등으로 받아들여지는 가운데, 각종 상호·상품명이나 도서·영화 제목에도 등장한다. 모 신문 기사 중 일부다.

… 상대에 끌려가는 상황에서도 언제든 골을 만들어낼 수 있는 선수를 보유하기 위함이다. 개인기를 갖추고 파괴력 넘치는 공격수들이 주목을 받을 수밖에 없다. 팀이 어려울 때 골을 넣어주는 이런 선수들을 흔히 레인메이커라고 부른다.

이 인디언들이라고 끈질긴 기우제가 진정 비를 가져다줄 것으로 믿었겠는가? 익히 아는 바대로, 세종은 조선의 임금 중 최고의 과학기술과 합리적 마인드를 가졌던 것으로 평가받는다. 그러나 《조선왕조실록》에 실린 기우제 관련 내용에서 세종 재위 시절의 기록이 무려

199회로 역대 임금 중 가장 많은 것은 또 무슨 아이러니인가? 하늘을 두려워하는 마음이 백성을 향한 지극한 심정으로 투영되어, 그들의 고통을 보듬고 함께하려는 성군으로서의 자연스러운 몸짓은 아니었을까.

이제 다시 5월이 되면, 포천의 한탄강 강변에서는 그 옛날 온 천지와 산수와 조상신에게 비를 내려달라고 갈구했던 국행기우제가 재연된다. "인공강우까지 만들어내고 있는 시대에 웬 기우제냐?"는 비판도 있을 법하지만, 천재지변을 극복하기 위해 힘을 모으던 조상들의 거친 숨결 정도는 느껴볼 수 있지 않을는지…《맹자》의 말씀이다.

> 하늘의 기회라 해도 지리의 이점만은 못하고 天時不如地利
> 지리적인 이점도 인간의 화합에는 미치지 못한다 地利不如人和.

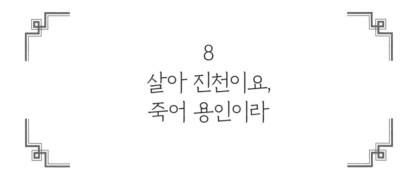

8
살아 진천이요,
죽어 용인이라

그를 처음 만난 것은 10여 년 전이다. 건네받은 명함 이름에서 '인寅'자가 눈에 들어왔다. 서로의 나이를 묻다 보니 나이는 물론, 생일도 같았다. '인'자가 돌림이냐고 하니 아니란다. 점점 재미있었다. 혹시 태어난 시가 새벽 4시경 아니냐고 물었더니 그렇단다. "저하고 사주가 같네요"라는 말에 내 명함을 한참이나 쳐다보며 고개를 갸우뚱거린다. 내 이름의 '인'자도 똑같지 않으냐고 하자, "자축인묘진사오미子丑寅卯辰巳午未… 아! 인시寅時에 나서 그렇구나" 하며 빙그레 웃는다. 그 후로 아주 가까운 친구가 되었다. 자신의 생년월일과 시간까지 일치하는 경우를 만나는 건 참 드문 일이다. 경기도 용인과 충북 진천에는 이처럼 생년월일시生年月日時뿐만이 아니라, 이름도 똑같아 곤욕을 치른 이야기가 전해온다. 여기서 비롯되어 두 지역을 상징하는 '생거진천 사거용인生居鎭川 死居龍仁' 곧, '살아서는 진천이요, 죽어서는 용인'이라는 속언을 낳았는데 다음은 그와 관련된 가장 보편적인 설화의 내용이다.

400여 년 전 진천에 사는 농부 추천석이 죽어서 염라대왕 앞으로 갔다. 염라대왕은 인간들의 생사 내용을 적은 수명부를 살피던 중, 저승사자가 사주와 이름이 같은 용인의 또 다른 추천석 대신 그를 잡아들인 실수임을 알았다. 그는 이내 다시 살아나고 용인 추천석이 저승으로 불려갔다. 그러나 풀려난 진천 추천석은 자신의 몸이 이미 장사를 치른 이후라 어쩔 수 없이 이제 막 사망한 용인 추천석의 몸속으로 들어갔다. 여기서 분란이 일어난다. 육신은 그대로이나 목소리와 버릇 등이 다르지 않으냐며 고향인 진천으로 돌아가겠다고 고집을 부리자, 용인의 자식들도 사실 확인을 위해 따라나선다. 진천에 있는 자식들 역시 그의 음성을 듣고는 반신반의하면서도 아버지의 환생에 기뻐 어쩔 줄 모른다. 그러나 잠시 후 양쪽 자식들이 서로 모시겠다는 소동이 일고 문제 해결을 위해 결국 고을 수령에게로 간다. 현명하기로 소문난 수령은 자초지종을 들더니, 명판결을 내린다. "살아서는 진천에서, 죽은 후에는 용인에 모시도록 하라."

여기에 추천석이라는 인물이 등장하는 것은 그가 가상인물이든 실존 인물이든 간에 용인에 뿌리를 둔 추계 추씨를 의식한 듯하다. 추계는 지금 양지면의 옛 지명으로, 혹자는 양지 추씨라 일컫기도 한다. 이 가문은 중국 송나라의 문하시중을 지낸 추엽이 1141년 고려에 귀

《명심보감》은 총 19편의 명문들로 구성되어 있다. '하늘은 선을 행하는 자에게 복을 내리고, 악을 행하는 자는 화를 입힐 것이다(爲善者 天報之以福 爲不善者 天報之以禍).' 이 첫 번째 경구가 책의 모든 내용을 관통하고 있다.

화함으로써 시작된다. 그의 손자 추적도 역시 고려 관직의 최고봉인 문하시중에 올랐고 이곳 양지추계를 관향으로 삼았는데, 그가 바로 지금까지도 널리 읽히는 저 유명한 《명심보감》의 편저자다. 중국의 경서

옛 성현들이 유교의 사상과 교리를 써 놓은 책. 《역경》《서경》《시경》《예기》《춘추》《대학》《논어》《맹자》《중용》

따위를 통틀어 이른다 등에 실린 명언을 골라서 묶은 수신서 《명심보감》은 16세기 동양의 책으로 서구에까지 번역되며 동서양에 두루 전파된 명저다. 중국의 범입본이라는 사람이 더 확대된 《명심보감》을 내놓아 그가 본저자라는 일각의 주장도 있으나, 추적을 모신 대구의 인흥서원에서 그보다 150년 앞선 목판본이 발견됨으로써 추적의 것이 원조임이 밝혀진 바 있다.

추계 추씨 가문이 배출한 또 한 명의 저명한 인물로 추익한이 있다. 그가 세종 때 한성부윤을 끝으로 벼슬길에서 물러나 강원도 영월에

낙향해 살던 중, 단종이 이곳으로 유배된다. 친구이자 사육신의 한사람이던 박팽년의 서찰을 받고는 단종을 찾아가 시문을 읊으며 위로하는가 하면, 산에서 직접 과일을 따다 진상하는 등 지극 정성을 다해 보필한다. 그러나 단종이 이내 수양 대군에 의해 처단되었다는 소식을 접한 후 애통해하다가 절명했다고 전하며, 그 후로 '추 충신'으로 불려왔다. 현재 영월의 충절사에 엄홍도·정사종 등 단종의 충신들과 함께 모셔져 있으며, 단종의 영정을 모신 영모전에는 백마를 탄 채 태백산으로 향하는 단종에게 산머루를 바치는 장면이 그려져 있어 보는 이의 가슴을 저리게 한다. 추익한과 함께 나누었을 법한 단종의 시 한 자락이다.

원통한 새가 되어 궁궐에서 나오니

짝 잃은 외로운 몸 깊은 산중에 있구나

밤마다 잠들려 해도 그럴 겨를은 없고

수없이 해가 가도 끝없을 이 한이여

자규 소리 멎은 새벽 뫼엔 조각달만 밝은데

피눈물 나는 봄 골짜기엔 낙화만 붉었어라

하늘도 귀가 먹어 슬픈 사연 못 듣는데

어찌 수심 많은 사람의 귀에만 밝게 들리는가

다시 '살아 진천, 죽어 용인'의 설화로 돌아가 보면, 앞서 소개한 내용 이외에도 아버지가 돌아가시고 청상과부가 되어 진천으로 개가한 어머니가 죽자, 용인의 자식들이 찾아와 시신을 모시려고 진천의 자식들과 다툼을 벌이는 과정에서 나왔다는 등 여러 형태로 변형되어 전한다. 최근 들어서는 이 말을 유래시킨 인물의 실명까지 거론된다. 진천 출신으로 조선 개국공신이던 최유경의 사후 무덤이 용인의 자봉산 기슭에 자리하게 되자 큰아들 최사위가 임종에 앞서, 죽어서도 아버님을 모셔야겠으니 자신 역시 아버지 묘소 근처에 묻어 달라고 유언하는 등 그의 각별한 효심을 반영한 것이라는 내용이다.

경우에 상관없이 이러한 이야기들을 종합해보면, 거기에는 당대 사람들의 의식과 신념을 지배하던 종교적 가르침이 모두 깃들어 있다. 이는 유·불·선儒·佛·仙의 교리는 물론이요, 양 지역에 대한 풍수적 해석과 무속신앙까지 곁들인 광범위한 사고 체계다.

전통적으로 '효는 인간의 모든 행동 중 으뜸孝百行之本也'이라 칭할 만큼 유교의 가족 윤리에서 최고의 덕목은 어버이를 섬기는 것이었고 이는 절대적 명제였다. 그러기에 설화에서 빠지지 않는 것은 부모가 어떤 사람이었든지 간에 끝까지 봉양하려는 모습이다. 앞의 설화에서도 자식들을 저버리고 재혼해 살았던 어머니까지 예외가 아님을 알리고 있다.

또 하나는 중생이 죽은 뒤 업보에 따라 다른 모습으로 재탄생한다는 부활적 메시지, 즉 불교의 윤회사상이다. 물론 숭유억불 정책을 펼쳤던 조선조에서는 삼봉 정도전이 《불씨잡변》에서 주장했듯이 윤회설의 바탕이 되는 '영혼불멸사상'을 부정한 것이 성리학자들의 기본 입장이었다. 그러나 민초들은 신라 때부터 내려오는 뿌리 깊은 윤회설을 여전히 신봉했고 자연스레 무속신앙에도 녹아들었다. 이런 이유로 앞의 설화에서도 진천의 추천석이란 인물이 죽었다 다시 살아나고 다른 사람의 육체에 접신接神할 수 있었던 것이다.

달마 대사는 인도 향지국의 왕자이자 중국 선종의 창시자로 받들어지는 고귀한 이미지와는 달리, 우리가 불화 등을 통해 보는 그 모습은 사람의 얼굴이 아닌 듯 기괴한 못난이다. 여기에는 '인간의 육체와 영혼은 분리될 수 있다'는 불교의 이원적 사고에 바탕을 둔 흥미로운 내력이 담겨 있다.

달마가 중국으로 가기 위해 배를 타려 했는데 선착장에 수백 년을

달마 대사의 겉만 보면 선뜻 다가서기가 내키지 않을 정도로 힘상궂은 모습일 수도 있다. 그러나 본질은 일국의 왕자 출신으로 빼어난 미남에다, 동양 삼국에서 최초의 '생불(生佛)'로 일컬어질 만큼 고매한 인품과 도력을 갖춘 인물이다.

살다 죽은 큰 물고기가 널브러져 뱃길을 가로막고 있다. 이에 달마는 자신의 육체에서 이탈해 인근 숲속으로 들어가 참선한 뒤, 도력을 발휘해 죽은 물고기를 먼 곳에 내다 버렸다. 잠시 후 본래 자리로 돌아와 보니 자신의 수려했던 용모는 온데간데없고 웬 추한 몸뚱이 하나가 누워 있었다. 신통력으로 헤아려

보니, 지역에서 명망은 있지만 추남인 어떤 선인이 그사이 육체를 바꾸어 입고 간 것이었다. 갈 길 바쁜 달마는 그 몸속으로 들어간 채 중국으로 떠났다.

도교에는 내세관이 없다. 다만 끊임없는 수양과 양생법에 의해서 신선의 경지에 도달할 수 있다고 믿는데, 이때도 신선의 형태와 등급이 나누어진다. 즉 죽음에 대한 해석을 달리하는데, 이러한 신선도교사상을 정립한 이는 1600여 년 전 중국 동진 시대 살았던 갈홍葛洪이며, 그가 지은 도교서적《포박자》는 오늘날까지 널리 읽히고 있다. 거기에 따르면 신선에는 3등급이 있다. 영혼과 육체가 함께 하늘로 올라가는 것이 천선天仙이요, 승천하지는 못한 채 산천을 주유하는 것은 지선地仙이며, 시신의 형태와는 별개로 영혼이 신선세계에 가는 것이 시해선尸解仙이다. 이는 영혼과 육체가 분리될 수 있다는 사고에 기반한다. 옛사람들이 죽을 날이 가까워 종적을 감추는 이들을 일러 '시해선이 되었다'고 생각한 데는 이런 의식이 깔려 있던 것으로 볼 수 있다. 우리의 경우 신라의 최치원, 고려의 강감찬, 조선의 김시습·곽재우 등이 신선도교사상의 맥을 이어온 것으로 평가받고 있다. 이 중《금오신화》의 저자인 매월당 김시습의 마지막 모습을《어우야담》은 다음과 같이 전한다.

임종을 앞두고 화장하지 말라고 유언해, 절 근처에 임시로 매장했다가 3년이 지난 후 제대로 장사를 지내기 위해 열어보았더니, 낯빛이 살아 있는 듯했다. 사람들은 몸은 그대로 둔 채 영혼만 빠져나간 상태인 시해선이 되었다고 말했다.

육체와 혼백이 분리되거나 뒤바뀌는 이야기는 우리의 고전 설화에서도 심심치 않게 찾아볼 수 있다. 작자 미상의 《옹고집전》은 불교적인 설화를 내용으로 한 고대 소설이다. 옹진 골에는 인색하고 심술 사나운 불효자 옹고집이 살고 있었다. 탁발승이나 비렁뱅이가 오면 때려서 내쫓는 등 박대하기 일쑤였다. 어느 날 도술이 뛰어난 고승이 분개해 짚으로 가짜 옹고집을 만들어 보냈다. 가짜와 진짜는 서로 진위를 다투던 중 급기야 관가에 가서 송사를 벌였다. 가짜는 물음에 대한 대답이 명쾌했지만 진짜는 횡설수설이었다. 결국 집에서 쫓겨난 진짜는 유리걸식하며 다니다 자살까지 결심한 차에, 어느 도인이 준 부적으로 다시 가짜를 물리치고 참회한 후 독실한 불교 신자가 되었다.

진천은 예로부터 산자수명하고 특히 물·불·바람으로 인한 피해가 별로 없는 이른바 '삼재불입지처三災不入之處'다. 더구나, 땅이 기름지고 평야가 넓어 양질의 쌀이 많이 생산되는 데다, 경기도로 가는 길목에 위치하는 교통의 요지이기도 해 살기 좋은 고장으로 명성이 높았다. 반면 용인은 오랫동안 명당 터가 많은 곳이라는 인식이 지배해오는 가운데, 최근의 조사 결과에 따르면 고려·조선조의 명망 있는 사대부의 분묘가 총 210여 기에 달하는 것으로 확인되었다. 물론 도성으로부터 가까워 중앙에서 벼슬살이하던 고관들이 묻히기에 상대적으로 유리한 측면도 있었겠으나, 풍수적으로는 용인 지역이 한반도 산맥의 본줄기 중 하나인 한남정맥이 통과하는 지점인 데다 산세와 수세가 잘 이루어져 있기 때문이라는 평을 받기도 한다.

여하튼 이곳에는 고려 충절의 대명사인 정몽주를 비롯해 세종 시절 쓰시마 정벌의 주역 이종무 장군, 중종 때의 급진개혁론자인 조광조, 《홍길동전》 저자인 풍운아 허균, 조선 후기 삼정승을 두루 거친 남구만, 정조의 개혁 파트너였던 채제공, 을사늑약을 당해 울분을 못 이기고 자결한 민영환 등 우리 역사에서 큰 족적을 남긴 수많은 인물들이 잠들어 있다. 이처럼 걸출한 사대부들의 묘가 많다 보니 자연히 그 선영에 따르는 사당과 서원들도 즐비한데, 그중 정몽주를 기리

조광조의 위패를 모신 용인 심곡서원. 불운한 혁명가, 비현실적 교조주의자 등으로 평이 엇갈리는 조광조에 대해 이율곡은 다음과 같이 언급했다. "학문이 성숙되기도 전에 정계에 나섬으로써 왕의 잘못을 바로 하지도, 구세력을 잠재우지도 못했다. 후세인들은 이를 경계로 삼아야 할 것이다" 〈석담일기〉

는 영모당과 조광조의 위패를 모신 심곡서원이 대표적이다. 특히 심곡서원은 1871년 서슬 퍼렇던 흥선대원군의 서원 철폐령이라는 광풍 속에서도 용인에서 살아남은 유일한 곳이다. 이처럼 유력인사의 묘가 많이 들어섬으로써 선영이나 각종 추모시설물 주변으로 그 후손들을 불러 모으는 효과를 가져와, 오늘에 이르도록 동족촌同族村을 이루어 살아가는 곳이 많은 걸 보면 역사는 참으로 면면하다는 생각이다.

지금의 용인시는 조선 초인 태종 시절만 해도 용구현과 처인현을 합친 용인현으로부터 출발했지만 당시는 인구 1,000명을 겨우 넘는 쓸쓸하고 조그만 고을이었다. 이때의 상황을 상징하는 듯한 속언이 '들통곡 날통곡'이다. 고을 수령이 이곳에 부임할 때 "내가 무엇을 잘못했기에 이러한 산골로 보내느냐"는 등 푸념을 늘어놓다가, 생활해보니 물산이 풍부하고 인심도 순후해 정이 듬뿍 들어 막상 떠날 때는 아쉬워 다시 통곡한다는 뜻이다. 조선 시대 이래 행정구역 개편이 여러 번 반복되면서 관할 지역이 많이 바뀌긴 했으나, 경부·영동·중부 고속도로가 지나는 사통팔달의 교통 요지가 된 데다, 인구도 100만 명을 넘어서, 불과 120여 년 전인 갑오개혁 때보다 무려 35배 늘어난 대도시로 성장해 오늘에 이르고 있다.

이를 보면, 일찍이 우리나라 풍수지리설의 비조로 불리는 통일신라 시대의 도선국사가 용인 지역의 형세를 일러 금 닭이 알을 품고 있는 모습의 '금계포란형金鷄抱卵形'이라고 했고, 이중환은 《택리지》에서 '경기의 계거溪居 지역으로는 으뜸'이라고 설파한 것이 허언은 아니었나 보다. 새옹지마, 어제 쇠락했던 고을이 오늘날 경기도청 소재지를 꿈꾸는 지경에 이를 줄을 누가 알았으랴?

이제 더 이상 '사거용인死居龍仁'에 머무르지 않는다. 무릇 용인은 생거生居의 명당 터로도 자리매김해가고 있다.

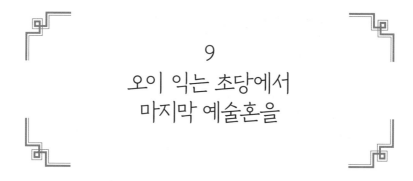

9
오이 익는 초당에서
마지막 예술혼을

　옛날 사대부들은 이름을 소중히 여겨 함부로 부르지 않는 것이 관습이자 예법이었다. 그런 연유로 이름 대신 '자字' 또는 '호號'를 주로 사용했다. 서양에서 이름을 불러 친밀함을 나타내는 것과는 사뭇 다른 풍습이다.

　그중에서도 죽은 후에 내리는 시호諡號로 사용하는 글자는 사마천의 《사기》에 정해진 194자로 시작해 세종 때는 301자로 늘어났지만 주로 쓰이던 것은 120자 정도였다. 더구나 문관과 무관으로서의 특징과 상징성까지 살려야 하니 서로 나눌 수밖에 없고, 특히 무관의 경우 선택의 폭이 더 좁았기에 시호가 같은 사례가 적지 않았다. '충무공'이란 시호를 가진 역사 인물이 이순신 장군을 비롯해 고려에 세 명, 조

추사가 말년을 보내던 과지초당 앞에 세워진 동상이다. 젊은 날 든든한 집안 배경에 천재성까지 갖추었던 엄친아의 분위기가 아니다. 그저 마음씨 좋은 이웃집 아저씨 인상이다. 오랜 유배 생활 등 산전수전을 겪고 난 후의 심경을 떠올려서일까?

선에 아홉 명이나 되는 것도 이와 관련이 있다.

이러한 가운데, 수백 개의 별칭을 가졌던 인물이 있으니 최고의 서예가, 곧 서성書聖으로 불리는 김정희다. 대표적인 서호書號인 추사를 비롯해 완당·보담재 등 다양한 국한문식 호를 가졌는데, 여기서 주목할 명칭은 과로果老, 즉 '과천의 노인'이라는 별호다. 이는 그가 사망하기 전 4년여를 과천의 과지초당에 머무르며 학문과 예술에 대한 마지막 혼을 불태운 데서 기인한다.

추사 김정희는 요즘으로 치자면, 조선 후기사회의 금수저요 엄친아였다. 충남 예산에서 태어난 그의 집안은 경주 김씨로 고조부가 영의정이었고 아버지 김노경이 병조판서를 지낸 노론계열의 권문세족이었던 데다, 여섯 살 무렵 문 앞에 써놓은 입춘첩의 뛰어난 글씨로 주위를 놀라게 하는가 하면, 스물네 살에 생원시에서 장원을 하는 등 천재성까지 보였다.

더구나 증조부 김한신은 영조가 각별히 아끼던 화순 옹주의 남편으로 왕실의 부마였는데, 서른아홉 살 나이에 요절한 인물이다. 이에 옹주는 절망해 식음을 전폐하다 절명함으로써 조선 왕실에서 남편을 따라 죽은 유일한 열녀로 기록되고, 예산 집에 정려문효자, 효주, 열녀, 충신을 기리기 위해 지은 건물이나 문이 세워지기도 한다. 《영조실록》은 이때의 일과 비통해하던 임금의 심경을 다음과 같이 남기고 있다.

> … 자식으로서 아비의 말을 따르지 아니하고 마침내 굶어서 죽었으니, 효에는 모자람이 있다 … 거듭 타일러 약 먹기를 권했으나, 웃으며 대답하기를 "성상의 하교가 이에 이르시니 어찌 마시지 않겠습니까?" 라고 한 후, 조금씩 두 차례 마시고는 곧 도로 토했다 …

특히 조선 말기 수렴청정으로 유명한 정순 왕후 김 대비와도 인척 간이었으니 이래저래 왕실의 일족이었다. 이런 이유로 김정희가 과거에 합격하자 조정에서 각별한 축하의 뜻을 전하는 등 그 배경이 든든했을 뿐 아니라, 순조의 맏아들인 효명 세자의 사부가 되기도 했으나, 세자가 스물한 살 나이로 요절한 후에는 권력을 잡은 안동 김씨 세력에 의해 탄핵당하는 것을 시작으로 유배와 벼슬 복귀의 부침을 거듭한다.

이러한 상황 속에서 기존의 성리학에 회의를 품고 실사구시 설·고증학·개화사상에 심취하는가 하면, 불교와 다도·주역에 탐닉하는 등 당대로서는 매우 진보적인 면모를 보인다. 여기서 특기할 만한 것은 자신의 서체에 한계를 느껴 주술의 힘을 빌리고자, 한때 도교에도 관심을 가져 묘향산 보현사에서 발간한 민간 도교경전인 《옥추보경》 목판을 발행할 당시 서문을 썼다고 전해지는 이야기다.

또 자신의 친구이자 문하생이던 권돈인에게 보낸 편지에서 '나는 평생 벼루 열 개의 밑창을 내고 붓 천 자루를 닳게 만들었다'고 할 만큼 서예에 정진한다. 그 결과로 정형화된 기존 서체의 형식을 넘어 회화성이 가미된 독특한 추사체를 개발한다. 이뿐 아니다. 단순히 옛것을 좋아하던 취미 차원에서 금석문 金石文: 쇠로 만든 종이나 돌로 만든 비석 등에 새겨진 글자에 관심을 갖던 당시 풍조를 넘어, 하나의 독립적인 학문으로 정립시킴으로써 종래 도선국사·고려 태조 또는 무학대사의 비 등으로 여겨지던 진흥왕순수비의 실체를 규명하는가 하면, 문자·음운·천산·지리·천문 등 주변 학문을 두루 섭렵하는 박학주의적 경향을 보인다.

이와 더불어, 옹강방·완원 등 중국인들과 지속적 교류를 통해 학문적 안목을 넓혀가면서 국내에서도 '추사의 제자가 삼천'이라는 말이 나올 만큼 당색·적서·신분을 뛰어넘는 파격적인 행보를 보이는데, 흥선대원군 이하응의 뛰어난 난 그림 솜씨와 글씨도 그로부터 사사한 것이다. 이때 그가 한 인간에게서 풍기는 지성미知性美에 대해 표현했던 말이 '문자향 서권기文字香 書卷氣'다. 책을 많이 읽어 교양을 쌓으면, 짙은 내공이 농축되어 그의 글씨와 그림에서는 문자의 향기가 나고 책의 기운이 느껴질 것이라는 말이다.

이러한 추사에게도 인간적인 약점은 있었다. 명문세족이라는 든든한 배경에, 탄탄한 지성 및 천재성 등으로 무장된 그의 칼칼한 자존심, 지나치게 올곧은 성품이 그것이었다. 당대 서예가로서 일가를 이루었던 이광사의 동국진체를 한심하다고 노골적으로 깎아내리는가 하면, 암행어사로 활동하면서 지방 수령이던 안동 김씨 가문의 김우명을 파직에 이르게 하는 등 거침없는 언동으로 주변의 많은 이들로부터 시기와 견제를 받기에 이른 것이다. 공자는 《주역》에 실려 전하는 금언으로 과도함을 경계했다.

하늘의 도는 가득 찬 것을 이지러지게 하고 부족함을 채우며

天道, 虧盈而益謙

땅의 도는 가득 찬 것을 변하게 해 모자란 데로 흐르게 하고

地道, 變盈而流謙

귀신은 가득 찬 것을 해하고 빈 듯 겸양함에 복을 내리며

鬼神, 害盈而福謙

사람의 도는 가득 찬 것을 혐오하되 낮은 것을 좋아하느니

人道, 惡盈而好謙

　추사는 많은 이들에게 12년에 걸친 기나긴 유배 생활과 거기에서
연마된 시詩·서書·화畫와 학문적 결과물로 각인되어 있다. 그의 첫 번
째 유배는 안동 김씨 집권기인 1840년 무렵이다. 이때 윤상도란 인물
이 군신 간에 이간을 획책하는 상소문을 올렸고, 추사가 그 초안을
잡았다는 죄목이었다. 추사는 최악의 유배지인 절해고도 제주도로
귀양을 떠났다. 거기서 일종의 풍토병인 온갖 병마에 시달렸는데, 어
린 시절을 귀하게만 자라온 그가 특히 견디기 힘든 것은 스스로 '독풍
毒風'이라고 표현한 모슬포의 강한 바람과 바닷가의 거친 먹거리였다.

　인편을 통해 예산 본가에 있는 부인 예안 이씨에게 한글 안부편지
와 함께, 먹고 싶은 음식을 보내달라고 수시로 요청한다. '…서울서 내
려온 장에 소금꽃이 피어 맛이 쓰고 짜서 비위를 면치 못하오니 하루
하루가 민망합니다…. 민어는 연하고 무름한 것으로 가려 사서 보내
게 하십시오. 내려온 것은 살이 썩어 먹을 길이 없습니다….' 식도락가
에 까탈스러운 입맛을 가졌던 그의 특성에 더해 짜증까지 섞어 투정
을 부리는 모습이다.

예안 이씨는 첫 번째 부인과 사별한 뒤 맞은 계실이었는데, 둘 사이는 금슬이 각별했으나 몸이 허약해 추사가 제주로 유배를 떠난 지 약 2년이 지난 무렵 사망한다. 추사는 그러한 사실도 모른 채 또 음식 타령을 곁들인 편지를 보낸다. 나중에 비보를 접하고는 이에 대한 회한과 아내를 향한 그리움을 함축적으로 담아내는 〈죽음을 애도하며 悼亡〉라는 시를 짓는데 그 절절함이 읽는 이의 가슴을 저미게 한다. 추사의 나이 59세였고 다시는 혼인하지 않은 채 15년을 홀로 지낸다.

애오라지 중신할미 내세워 명부에 송사라도 해 聊將月姥訟冥司

다음 생에서는 당신과 나 부부로 바꾸어 태어나서 來世夫妻易地爲

내가 죽고 그대는 천 리 밖 머나먼 곳에 떨어져 我死君生千里外

지금의 내 심정이 얼마나 처절한지 알게 하리니 使君知我此心悲

일반적으로 옛날 사대부들의 애틋한 남녀 문제로 전해지고 널리 회자되는 것은 기녀와의 러브스토리가 대부분이다. 그렇다 보니 이와 관련된 역사·설화·시문 등은 수두룩하지만, 부부간의 사랑을 표현하는 경우는 드문 일로서 이는 서로의 애정을 잘 드러내지 않던 유교적 습속에 기인한 바가 크다. 하지만 추사와 예안 이씨의 경우처럼 애틋한 사연이 담긴 이야기도 적지 않는데, 그 대부분은 유배지에서 토로한 사랑의 고백이거나 부인의 죽음 앞에서 쏟아내는 그리움이다.

노수신은 조선 전기에 문과에서 장원 급제하고 영의정에까지 올랐 던 중신이다. 그 역시 을사사화의 소용돌이에 휘말려 20여 년 세월을 전라도 순천, 충청도 괴산 등지로 돌아다니며 유배 생활을 하는 바람 에 아내와 같이 지내지 못한 미안함과 이별의 한을 담아 〈아내에게 바 치는 노래〉를 전한다. '머리 얹고 부부는 되었다지만 / 슬픔을 간직한 채 서로 이별했네 / 다음 생은 아직 기약할 수 없고 / 같이 묻힐 약속 조차 어려운데….'

교산 허균은 당돌한 생각과 행동은 물론이요, 남녀 문제에서도 식 욕과 성욕은 하늘이 내린 것이라고 주장하는 등 그야말로 자유분방 한 영혼을 가진 사람이었다. 그러나 임진왜란 당시 피난의 와중에 사 망한 첫 부인이자 조강지처인 안동 김씨의 무덤을 찾아 읊어 내려가 는 〈망처의 제문〉을 보면, 순정남이 따로 없다. '…혹여라도 그대의 넋 이 이를 알고 있다면 / 나와 함께 눈물을 흘리고 있으리 / 녹으로 내 린 이 술 한 잔 들구려 / 서러움에 눈물만 줄줄 흐르는구나.'

당나라 시인 백거이는 현종과 양귀비의 사연을 담은 〈장한가〉를 비 롯해 수많은 연시戀詩를 남긴 것으로 유명하다. 벼슬길에 나아가 사직 과 좌천을 거듭하고 도중에 딸을 먼저 보내는 슬픔까지 겪는다. 말년 에 이 모든 질곡을 감내하고 오롯이 자신만을 받들어온 아내에게 고 마움을 담은 최고의 헌시獻詩를 지으니 〈증내贈內〉, 아내에게 바치는 시 다. '살아서는 한방에서 살가웠고 / 죽어서는 한 무덤에 묻히리라 / 남 들도 항시 그리워하며 노력하거늘 / 하물며 그대와 나 더 말해 무엇

하겠는가….'

추사의 유배 생활 중 견디기 어려웠던 또 하나는 죽음처럼 찾아오는 외로움이었다. '속俗은 세勢를 따른다'더니, 번듯한 벼슬에 있을 때 주변을 둘러싸던 그 많은 사람들은 다 어디 갔는가?《명심보감》에서도 이를 일러, '술 마시고 밥 먹을 때 형제처럼 구는 친구는 천 명이지만酒食兄弟千個有 / 어려울 때 나서주는 벗은 한 명이면 다행이다急難之朋一個有'고 했으니, 어쩌면 지극히 자연스러운 현상이다.

이처럼 대부분 외면하는 가운데서도 중국에서 수집한 각종 자료와 서책들을 스승인 추사에게 전달하며 변함없는 존경과 의리를 보여준 이가 역관이었던 제자 이상적이다. 추사는 제자에 대한 고마움을 담아 '날씨가 춥고 난 연후라야 소나무와 잣나무가 늦게 시드는 것을 안다歲寒然後知松柏之後凋'는 《논어》의 경구를 담은 〈세한도歲寒圖〉를 그려 보낸다. 이에 대한 이상적의 답이 감동적이다. '제가 뭐라고 권세와 이익을

그림에 문외한인 나로서는 〈세한도〉의 회화적 작품성을 논하기 어렵다. 다만, 거기에 깃든 이야기의 울림으로 인해 아주 특별해 보이는 것은 사실이다.

좇는 세태에서 초연하겠습니까만, 스스로 그만둘 수 없어 그랬을 뿐입니다.'

오늘날 학생이 선생을 평가하고, 선생은 학생을 의식해야 하는 세태 속에서 이러한 행동과 생각이 선뜻 이해가 가지 않을 수도 있겠으나, 과거 전통적 의미에서의 사제 관계로는 그리 이상한 일도 아니다. 당대 스승이란 굳이 군사부일체를 거론하지 않더라도 지극한 존경의 대상이요, 정성을 다해 받드는 존재였기 때문이다. 우리 역사 속에서 이러한 모습들을 보여주는 감동과 상징적 이야기는 즐비하다.

태종 이방원은 청소년기 한 시절을 강원도 횡성의 각림사에서 보낸다. 이때 그를 가르치던 스승은 고려의 충절이자, '흥망이 유수하니 만월대도 추초로다…'로 시작하는 〈회고가〉를 지은 운곡 원천석이었다. 조선조에 들어 강무 등을 핑계로 세 차례씩이나 스승을 찾아가지만 만나주지 않는다. 그 아들에게 현감 벼슬을 내리기도 하지만, 공개적으로는 스승의 이름을 일절 거론하지 않는다. 고려왕조에 대한 의리와 불사이군의 신조를 지킨 스승에 대해 혹시 있을지도 모르는 위해로부터 보호하기 위한 의도가 엿보인다.

퇴계 이황이 풍기 군수로 있던 시절, 백운동 서원에서 후학들을 지도했다. 이때 동네 대장장이의 아들 배순이 담장 너머에서 글을 따라 읽곤 했는데, 퇴계가 이를 알고는 제자로 받아들여 같이 공부하도록 배려한다. 나중에 퇴계가 돌아가셨다는 소식을 접한 배순은 삼년상을 치르는가 하면, 철로 퇴계의 상像을 만들어놓고 매일 제사를 올렸다. 이러한 일화에 따라 현재의 영주시 순흥면에는 '배순이 운영하던 대장간 점포'라는 의미의 배점裵店이라는 지명이 생겨나게 된다.

백사 이항복의 정승 시절, 어떤 고관대작이 오더라도 자리에 앉은 채 절을 받곤 했는데, 어느 날 누추한 차림의 노인이 뵙기를 청하자 그 이름을 듣고서는 버선발로 뛰어나가 맞았다. 유년 시절 자신을 가르치던 훈도조선 시대에, 한양의 사학(四學)과 지방의 향교에서 교육을 맡아보던 직책였다. 다음 날 은사를 주막으로 모시고는 자신을 찾아준 데 대한 보답으로 베 10여 필과 쌀 두어 섬을 드리자, 노인은 "내가 그리 가르쳤냐"며 호통을 친다. 스승에 대한 존경의 마음과 누더기 차림의 초라한 외모 속에 빛나는 사도師道가 함께 어우러지는 장면이다.

추사는 9년여에 걸친 제주에서의 질곡의 세월을 보내고 겨우 집으로 돌아오지만, 수년 후에 함경도 북청으로 다시 유배된다. 사실 제주 유배는 당시 세력가인 안동 김씨들과 척진 것이 주요 원인이었는데, 이번에는 친우였던 영의정 권돈인이 궁중제례를 처리할 때 저지른 실수에 대한 일종의 연좌 죄였다. 이로 인해 또다시 질곡의 시간들이 찾아왔지만 거기에서 조선 후기 대표 문인화로 일컬어지는 난초 그림 〈불이선란不二禪蘭〉이 탄생했으니, 진흙탕에서 피는 연꽃이란 말이 이런 것이리라.

본디 이 그림은 자신의 힘든 유배 생활을 도와주던 '달준'이란 시동侍童에게 주고자 그렸으며, 그 모티브 또한 《유마경》의 일화에서 빌려왔다. '옛날 인도의 여러 보살이 모여 참선의 희열에 들어가는 상황을 이야기하는 자리에서 유독 유마만이 아무 말도 하지 않았는데, 진정한 법이란 말과 글로 설명할 수 없는 것이라며 모두가 경탄했다'는 내용이다. 달준의 충직하고 묵묵함이 그런 것이라고 여기지는 않았는지 모르겠다. 하기야, 당시 추사의 속마음을 어찌 말과 글로 온전히 나타낼 수 있을 것인가.

> 이 그림은 처음에 달준에게 주려고 그린 것이다 始爲達俊放筆
>
> 이런 그림은 한 번이지 두 번 그리지 못할 일이다 只可有一不可有二
>
> 오소산이 보고는 탐내 빼앗아가려 하니 우습다 吳小山見而豪奪可笑

추사는 인생의 긴 굽이를 지나 아버지가 잠들어 있는 과천으로 돌아온다. 그의 말년 호처럼 '과천의 노인果老'이 된 것이다. 이곳 과지초당瓜地草堂, 그저 때가 되면 '오이가 익어가는 풀로 엮은 집'에서 제자들을 가르치면서, 한때는 불자가 되어 승복을 입기도 했지만 죽기 전날까지도 붓을 놓지 않을 정도로 그의 학문과 예술에 대한 열정은 그치지 않았다.

그의 마지막 작품은 자신이 머물던 봉은사에 남긴 현판 '판전板殿'이다. "이제 막 쓰는 법을 배운 초보자의 글씨 같다" "서예의 대가가 쓴 솜씨가 아니다"라는 등 세간의 평이 무성하다. 추사는 갈파한다. "어린아이와 같은 맑은 마음을 갖고 붓 가는 대로 쓰되, 잘되고 못되고를 따지지 않는다. 이것이야말로 최고의 작품이다."

잘 썼느니 못 썼느니 논란이 많은 추사의 마지막 글씨다. '입문할 때는 법을 따르지만(入於有法), 나올 때는 법에서 벗어나(出於無法), 결국 나는 나의 법을 구사할 뿐이다(我用我法)' 역시 서예의 거장다운 갈파다.

과천의 과지초당에서 추사를 만난다. 그의 동상에서 풍기는 모습은 조선 후기 가문 좋고 머리 좋은 사대부로서 가졌을 법한 뾰족한 성정과 거칠 것 없는 이미지는 어디 가고, 모든 것에 초연한 듯 푸근하기만 하다. 그가 물맛이 좋다고 자랑하던 독우물도 옛것 그대로는 아니나, 한낱 촌부로 살아가던 위대한 예술가를 그려볼 수 있어 좋다. 그즈음 초당에 딸린 밭에서는 오이가 탐스럽게 익어가고 있었으리라.

유방백세流芳百世, 추사가 남긴 학문과 예술의 자취는 짙은 꽃향기가 되어 백대를 흘러갈 것이다.

10
권력은 무상한 것,
말짱 도루묵이건만

엘레나는 언어학을 전공한 이탈리아 출신 교수로 내 아들과 사제 지간이다. 5개 국어를 구사하는 데다, 평소 한국의 전통문화와 역사, 특히 한글에 관심이 많았던 터라 난생처음 한국을 방문해 열흘 정도를 우리 집에서 머물렀다. 주로 식탁에서 여러 이야기를 나누었다. 한국의 밥상머리 예절은 어떤 것인지, 유교와 가부장제의 유산은 지금도 이어지고 있는지, 한글에 담긴 천지인天地人 사상이라는 건 무엇인지, 세종은 어떤 인물인지 등등을 물었고, 나름대로 답변하면서 곤욕을 치르기도 했다.

이 중 특별히 설명하기 어려웠던 내용은 "한국인과 서양 사람들의 정서가 어떻게 다르다고 생각하느냐?"는 질문이었다. 너무 포괄적이라 고심하던 차에 서양이 이성적·합리적이라면, 한국인들의 내면에는 정情의 문화와 심리가 깔려 있다고 답했다. 아들이 통역하는 것을 들어보니 '정'을 '어펙션affection'이라고 했는데, 그녀는 선뜻 이해되지 않는다는 눈치였다. 온갖 사례를 들어가며 설명하던 끝에 서양의 정서가 '브레인 투 브레인' 즉 머리에서 머리로 전달되는 것이라면, 한국인들은 '하트 투 하트', 가슴에서 가슴으로 이어지는 것이라고 압축하자, '아! 그렇구나'라는 반응이다.

그때 내가 말하고자 했던 의미를 엘레나가 정말로 이해한 것인지, 쩔쩔매며 설명하는 내 모습이 안쓰러워 예의상 그랬는지는 지금도 의문이지만, 한국을 떠나면서 그녀가 마지막으로 남긴 인사말을 위안으로 삼는다. "한국의 전통문화와 사람들의 심성은 참 매력적이고, 여러 가지 측면에서 이탈리아와 닮은 듯하다. 조만간 기회를 보아 다시 와보고 싶다." 그때 엘레나와 나누던 한국인들의 '정情 문화'를 상징적으로 잘 보여주는 예화가 있다. 조선 후기의 정계를 지배한 두 정파, 즉 서인 및 남인의 거목이었던 우암 송시열과 미수 허목에 얽힌 이야기다.

어느 날 우암 송시열의 속병이 도진다. 당시 미수 허목은 의술에도 신통력을 갖춘 인물로 정평이 나 있었다. 효자인 아들이 전전긍긍하던 터에 우암이 "미수 대감께 가서 처방을 받아오라"고 하자, 아들은 "아버님의 정적에게 몸을 맡기다니요?"라고 난색을 표하면서도 명을 어길 수는 없다. 우암의 병세를 소상히 전해 들은 미수는 독약인 비

17세기 조선 사회를 점철했던 예송논쟁과 환국 정치이 소용돌이 한가운데서 서로의 정파를 위해 생시를 건 권력 투쟁을 벌인 두 거목이지만, 이는 어디까지나 정치적 문제였을 뿐 인간적인 의리와 우정, 그리고 믿음을 저버린 것은 아니었다.

상을 처방한다. 아들은 자신의 예상이 맞았다며 붉으락푸르락해 돌아온다. 그러나 우암은 태연하게 미수가 이른 대로 약을 지어오도록 해 거리낌 없이 먹어버리고는, 이내 몸을 추스른다.

비록 권력 다툼에서는 자신이 속한 정파를 이끄는 수장인 만큼, 이를 대변하기 위해 상호 간에 극렬히 탄핵하고 견제해야 했던 사이였지만 인간적으로는 서로의 실력과 인품을 인정하고, 의리와 지조를 소중히 하는 우정의 마음도 갖고 있었기에 남들이 이해 못 하는 믿음을 나타내고, 또 여기에 답한 것이다. 이와 유사한 모습을 보이는 또 하나의 사연이 있다. 조선의 초토화를 가져왔던 병자호란 때의 일이다.

1636년 한겨울, 청나라 대군이 남한산성을 둘러쌌다. 한 달을 버티지 못한 채, 항복하자는 주장과 끝까지 싸우자는 의견으로 나뉜다. 결국 주화파의 최명길이 화친을 요청하는 국서를 작성하게 되고, 이를 목격한 주전파 김상헌이 달려와 찢어버린다. 이에 최명길이 "대감은 찢었으나, 저는 도로 주워야겠습니다"라며 비통해한다. 두 사람은 전란이 끝나고 각기 전범으로 청나라에 끌려가 있던 중 한 옥사에서 조우한다. 7년여의 오해를 털어내고 서로의 속마음을 이심전심으로 알았던 우정만큼은 변함없으나, 각자의 정치적 소신 또한 여전하다. 그때 주고받은 글이 이를 상징하고 있다.

> 아침과 저녁을 바꿀 수 있을지는 모르지만 / 윗옷과 아래옷을 거꾸로 입을 수야 없지 않은가 김상헌
> 펄펄 끓는 물도 얼음장 같은 물도 다 똑같은 물이요 / 털옷도 삼베옷도 옷 아닌 것이 없느니 최명길

경기도 연천 출신인 미수 허목은 조선 중기인 현종과 숙종 때의 문신으로, 당시 다수파였던 서인 세력에 맞선 남인의 영수였다. 그는 종래 사대부들의 학문적 대세였던 주자학의 효용성에 대한 회의와 함께 본래의 유교경전에서 사회 변화의 동력을 찾고자 했는데, 이는 민생을 도탄에 빠뜨린 임진왜란과 병자호란에서 성리학이 아무 역할을 못했다는 자성론과도 맞물려 있었다. 이러한 그의 학풍을 미수 스스로는 '고학古學'이라고 칭했는데, 조선 후기에 등장한 실학의 씨앗을 뿌린 것으로 평가받기도 한다.

그는 조선사에서 참으로 많은 정치적 족적과 더불어 미스터리한 이

야기를 남긴 인물이다. 태몽과 출생 설화부터가 예사롭지 않다. 붉은 해가 집 안으로 들어왔다거나 길조인 파랑새靑鳥가 집 주변을 날았다거나 앞산이 다가와 안겼다는 꿈을 꾸고 회임했으며, 출생 당시 손과 발에는 문文자와 정#자 무늬가 있었고, 눈썹은 하얀 새끼 고양이 모습이었는데 이러한 외모에 빗대어 외조부가 그의 호를 '눈썹이 하얀 늙은이'라는 뜻의 '미수眉叟'로 지어주었다고 전한다.

외조부인 백호 임제는 당대 명문장가인 데다 매사에 거침이 없는 호방한 성품으로 예조정랑 등 벼슬살이도 했으나, 조정 내 당파 싸움을 개탄하며 명산을 찾아다니던 중 서른아홉 살에 별세했다. 임종 때, 모든 나라가 황제를 칭하는데 조선만이 그렇지 못하다고 개탄하면서 "곡도 하지 말라"고 유언한다. 임제가 평안도사로 부임하던 중 개성의 황진이 무덤을 찾아 술잔을 올리면서 추모한 것이 알려져 탄핵을 받고 파직되는데, 그때 읊었다는 시조가 오늘날에도 널리 읽히고 있다.

청초 우거진 골에 자난다 누웠난다
홍안은 어디 두고 백골만 묻혔나니
잔 잡아 권할 이 없을 새 글로 설워하노라

미수는 19세 되던 해 전주 이씨와 혼인하는데, 여기에 얽힌 일화도 흥미롭다. 그 시절의 대표 청백리이자 영의정을 10년이나 지낸 오리

이원익이 그를 손녀사위로 택한다. 길에서 우연히 마주쳤는데, 몇 가지를 물어보고는 장차 크게 될 아이라며 점찍은 것이다. 물론 신부의 집안에서는 "뭐가 부족해 그런 한미한 집에 시집보내느냐"며 완강히 반대했지만 이원익이 그대로 밀어붙여 혼례가 성사되었다. 이원익은 세상을 널리 살피고 오라며 신혼부부를 여행까지 보낸다.

미수는 성균관 동부학당의 간부로 있던 시절, 반정으로 집권한 인조의 생부 정원군을 추존하자고 상소한 동료 유생을 징계했다가 임금으로부터 일정 기간 과거를 보지 못하는 정거停擧를 당한다. 그 불이익 조치는 이내 풀리지만, 이를 계기로 과장에 일절 나가지 않고 학문과 예술에만 몰두하면서 청·장년기를 보낸다. '동방 제일'이라는 그의 독특한 전서篆書체도 이때 완성된 것이다. 야인 생활을 접고 제대로 된 벼슬길에 나선 것은 남들이 은퇴할 시기인 60세 무렵이었으나, 결국 80대에 들어 우의정에까지 오르고 한 정파를 아우르는 위치에 선 것이다.

조선사에서 재야 발탁 형태인 유일遺逸: 조선 시대 초야에 은거하는 선비를 찾아 천거하는 인재 등용책로는 아주 드문 대기만성형의 인물이 되었으니, 결국 "재물·집안·외모 등 겉이 아니라 사람 자체를 보아야 한다"는 처조부 이원익의 혜안이 맞아떨어진 셈이다. 이러한 이유로 미수는 자신이 지은 《기언》에서 이원익 등을 모신 삼현사, 지금의 광명시에 있는 충현서원을 상세히 소개하는가 하면, 이원익 신도비도 자신의 글씨로 채우니 실로 각별한 인연이다.

그를 둘러싼 신묘한 일화와 기행은 출생 이후에도 이어진다. 유년 시절, 외가가 있던 나주에서 외할머니 등에 업혀 지내던 중 마을의 아낙네들이 멀리 떨어진 냇가에서 물을 긷고 빨래를 하는 것이 애처로웠는지, 동네에 물이 나올 만한 곳을 가리키며 우물을 파게 했는데 지금까지 실재하고 있으며, 그곳에 미수 허목을 기리는 서원眉泉書院도 세워졌다. 1636년 병자호란 이후 경남 창원으로 피신해 있던 중에는 손수 우물을 만들고 돌 거북을 물속에 넣어 이를 '달천구천達川龜泉'이라 불렀는데, 오래도록 극심한 가뭄이 들어도 물이 마르지 않았다고 전한다.

지방 수령 생활과 관련해서는 더 다채로운 이야기들이 펼쳐진다. 이 중 '뱀 퇴치' 설화는 널리 알려진 내용이다. 경상도 한 고을에서는 매년 처녀 한 명씩을 서낭당에 제물로 바쳐야 한다는 소문을 듣고는 자신이 처녀로 위장해 기다렸다가 큰 뱀이 들어오자 칼로 베어 죽인 후 불태웠고, 그 뱀이 환생해 나중에는 미수의 무덤까지 쫓아와 해코지하려 했으나 그의 신통력과 기지로 이를 피할 수 있었다는 것이 요지다.

강원도 삼척은 허목이 왕실 제례 문제를 둘러싼 예송논쟁에서 서인 측에 밀려 부사로 약 2년간 좌천되었던 곳인데, 향약 보급 및 《척주지》 편찬 등 많은 선정을 펼쳐 지금도 그를 각별히 추모하는 곳이다. 그런 연유로 다양한 역사적 사실과 전설이 뒤섞여 전해온다. 백성이 세금 문제로 고통을 겪자 소금산을 찾아주어 이를 해결하도록 하거나, 꿩 100마리를 보내라는 왕명을 받고는 두타산 신령에게 명해 왕실로 날려 보내도록 하고, 찾아온 친구들에게 돌을 선물로 주었는데 나중에 귀한 옥석으로 변했다는 등 다채롭다.

특히 빼놓을 수 없는 것이 척주동해비로 현재 삼척 시내에 자리하고 있다. 이곳으로 부임한 허목이 동해의 해일로 피해가 막심하다는 백성의 얘기를 듣고는 자신의 도학적 역량을 동원해 해신을 달래는 〈동해송〉을 짓고 신묘한 전서체로 쓴 비를 세우니, 거짓말처럼 해일이 가라앉았다는 사연이다. 이곳 사람들은 여전히 그 신통력에 대한 믿음으로 비석의 탁본을 즐겨 소장하고 있는 가운데, 외지에서는 심지어 장삿속으로 이를 악용하는 사례도 발생하곤 한다. 한 신문 기사의 내용이다.

> 김씨 등은 경기도 수원시 권선구 한 상가를 임차해 물품 홍보관을 차려놓고, 노인 15명에게 평범한 도자기를 198만 원에 판매해 3,000만 원 상당의 부당 이득을 취한 혐의를 받고 있다. 이들은 지인에게 주문 제작한 도자기에 '척주동해비' 문구를 새기고는 '집안에 액운을 막아주고, 나쁜 일이 생기면 스스로 깨지는 전설의 도자기'라고 노인들을 속인 것으로 조사되었다.

척주동해비가 도력으로 재앙을 물리친다는 의미에서 당나라 중기 정치가였던 한유의 이야기와 많이 닮았다. 그는 불교 배척운동으로 황제의 노여움을 사 조주자사로 좌천되었는데, 거기서 백성들로부터 "악어들이 골짜기에 모여 있다가 불시에 가축과 인명을 해친다"는 하소연을 듣고는 '일주일 안에 바다로 나가지 않으면 포수를 시켜 모두 사살하겠다'는 경고장인 〈제악어문〉을 붙여놓아 악어들을 쫓아냈다는 고사다.

이러한 일화들은 사실에 근거한 내용도 있으나, 대부분은 민초들의 삶이 고달프다 보니 비범한 인물의 신통력을 통해서라도 도탄에 빠진 민생을 구제해주고, 자신들의 생사여탈권을 쥐고 있는 수령이 오롯한 선정을 펼쳐 잘살 수 있도록 해주기를 바라는 심리가 투영된 듯하다. 이를 뒷받침하는 전래의 아기장수 설화나 《정감록》의 정 도령과 같은 가상의 이야기는 물론이요, 강감찬 장군이 호랑이 피해를 물리치는 이인담異人談 등도 널리 유포되어 있다. 즉 이러한 이야기에 등장하는 허목이나 강감찬과 같은 이는 실존 인물이라기보다는 민중이 자신들을 구제해주기 위해 출현했으면 하는 메시아적인 존재인 것이다.

허목이 처음 중앙 정치무대로 나간 것은 효종 시절이었다. 환갑이 넘은 나이에 종오품의 사헌부 지평으로 임명된 것이었고, 당시 임금의 사부였던 송시열은 이조판서 자리에 있었다. 지금으로 치자면 언관이긴 했지만 5~6급 정도의 실무 공무원과 장관급의 차이다. 이러한 상황에서 효종과 그의 사부였던 송시열의 북벌론에 반기를 들었으니, 그만큼 조정 내 언로가 열려 있었다는 징표다. 또한 북벌에 대한 찬반도 감정적 대립이 아니다. 숭명배청崇明排淸의 신조에 따라 청나라에 대한 원수를 갚아야 한다는 명분론과, 북벌은 시기상조이고 이를 위해서는 더욱 내실을 다져야 한다는 현실론이 부딪친 것이다. 어쨌든, 그 와중에서 효종이 급서함으로써 북벌 문제는 일단락된다.

그 대신 효종의 사망과 관련해 대비의 상복을 얼마로 할 것이냐 하는, 이른바 예송논쟁으로 옮아간다. 이 또한 단순하고 한심한 기 싸움만이 아니요, 당시로서는 매우 중요한 국정 현안이었다. 군신 관계 및 왕위 계승 원칙에 대한 입장, 퇴계와 율곡에서 비롯된 이념 논쟁 등이 저변에 깔려 있는 정치적 노선 투쟁이었기 때문이다. 패배한 측은 깨끗이 물러나는 법인지라, 패자인 허목은 삼척으로 좌천되었다. 십수 년 후 현종의 어머니 인선 왕후의 사망으로 촉발된 2차 예송논쟁에서는 남인이 승리함으로써 중앙 정계로 복귀하고, 송시열은 유배의 몸이 된다.

현종과 명성 왕후의 적자로 왕위를 이어받은 숙종은 남다른 프라이드로 '조선판 역사 바로 세우기'와 왕권 강화를 암중모색하고 있었는데, 이때 걸려든 것이 권력 남용의 전형으로 거론되는 유악 사건이다. 당시 권력 실세인 남인 출신의 영의정 허적이 잔치를 벌인 날에 비가 내리자, 잔치 사실을 알고 있던 임금이 기름칠한 천막인 용봉차일龍鳳遮日을 갖다주도록 명했는데, 이미 허적의 추종자들이 군수물자를 왕명도 없이 가져간 후였다. 그 사건을 빌미로 남인이 몰락하면서 그들의 지원을 받던 장 희빈도 나락으로 떨어지고, 급기야 모반으로 번

지게 된다.

> 임금이 전교하기를, "내 생각에는 허적이 혹시 허견의 사실을 알지
> 못했는가 했는데, 문안을 보니 준기를 산정에다 숨긴 사실이 비로소
> 드러났으니, 알면서도 엄호한 정황이 분명하다. 그저께 사사를 특별
> 히 명한 것도 이 때문이다…". 《숙종실록》 1680년 5월 7일

이 사건으로 인해 남인이 대거 퇴출당하고 다시 서인이 득세하는
경신환국이 일어났다. 이는 이미 2년여 전 현직에서 은퇴해 숙종이
고향 연천에 내려준 은거당恩居堂에서 저술과 후진 양성에 힘쓰고 있던
허목에게도 삭탈관직이라는 참화를 가져왔으며, 그러한 상황 속에서

민가 한 채 없는 민통선 비무장지대 내 은거당 터. 숙종이 파란의 세월을 풍미했던 대학자·정치가이자
청백리였던 허목에게 하사함으로써 '임금이 내려준 은혜로운 집'으로 명명되었는데, 이곳에서 미수(眉叟)
는 미수(米壽)인 88세에 갔다.

2년 후 88세를 일기로 별세했다. 수년이 흘러 무고임이 밝혀져 신원 회복은 되었다지만 참으로 쓸쓸한 종말이었고, 그야말로 권력 무상이었다.

세간에서는 이들의 몰락을 빗대어 '말짱 도루묵'이라는 속언이 널리 유행했다고 전한다. '속절없이 애만 썼다'거나 '얻은 것 없이 힘만 들었다'는 푸념의 표현이다. 수십 년이 흘러 실학자 이긍익이 《연려실기술》에서 '허적은 산적이 되고, 허목은 도루묵이 되었네許積爲散炙 許穆爲回目…'라는 동요 가사로 이를 소개한다. 산적은 쇠고기 등을 길쭉하게 썰어 양념해 대꼬챙이에 꿰어 구운 음식을 말하고, 회목回目이라 함은 '도로 목어目魚가 되었다'는 말이니, 허적이나 허목의 한때 영화와 벼슬도 덧없이 일장춘몽이라는 의미다.

여기서 '말짱 도루묵'이란 말이 생겨나는데, 오늘날 이 말에 대한 갑론을박이 무성하다. 그중 가장 일반적인 견해는 다음과 같다. 옛날 어느 임금이 도성을 비우고 피난길을 떠나 제대로 먹지도 못하던 차에, 동해안 백성들이 바친 어떤 생선을 먹고는 너무 맛있다고 감탄한다. 무슨 고기냐고 묻자 묵어 또는 목어라 하니, 이름이 촌스럽다며 은어銀魚로 부르게 했다. 나중에 도성으로 돌아와 그 생선이 생각나 진상된 것을 다시 먹어보았더니 맛이 영 아니었다. 입맛이 달라진 탓이다. 이때 내뱉은 말이 "도로 '묵어'라고 하라"고 했다는 내용이다.

그 임금이 조선의 선조라거나 인조라는 내용이 널리 알려져 있고 관련 기록도 천차만별이다. 그러나 고려와 조선을 통틀어 재임 중 도성을 떠나 피난 간 임금은 고려의 충렬왕·공민왕과 조선의 선조·인조 등 총 다섯 명인데, 이 중 동해안을 거친 경우는 없다. 여기서 허균의 《도문대작》이라는 음식소개서의 기록이 눈길을 끈다. '이 고기는 동해안에서 나며 처음 이름은 목어木魚였는데, 전 왕조에 이를 좋아하던 어떤 임금이 은어로 고쳐 불렀으나 싫증이 나자 다시 환목어還木魚로 고쳐 불렀다.' 결국 여기서 말하는 전 왕조란 임금이 되기 전이던 무인 시절에 함경도에서 주로 활동하던 태조 이성계를 가리킨다는 주장이 설득력을 얻고 있다.

허목이 죽은 지 7년이 지나, 평생의 라이벌이자 실록에 3,000번씩

두 거목의 비석들이 국난에 반응하고 있다는 이야기를 접할라치면, 아직도 그 영혼들조차 나라와 백성 걱정에 편안히 잠들지 못한 듯하다.

이나 거론되고 가장 많은 서원에 모셔지는가 하면, 공자나 맹자의 반열에 빗대어 송자宋子로 불리던 우암 송시열도 숙종에 의해 제주 유배지를 떠나 한양으로 돌아오는 길에 전북 정읍에서 파란의 생을 마감한다. 거구인 데다 워낙 건강 체질이라 82세 나이에도 사약 한 사발로는 안 되어 세 사발이나 마신 후 겨우 절명했다는 뒷이야기까지 남겼다.

한 시대를 풍미하던 두 거목이 한 사람은 북쪽에서, 또 한 사람은 남쪽 땅에서 그렇게 갔다. 송시열의 영혼은 수원을 거쳐 충북 괴산으로 옮겨져 어느 중학교 뒤편에 잠들어 있으며, 허목의 묘는 경기도 연천의 민통선 내 야산에 호젓이 자리하고 있어 자유로이 만나기가 쉽지 않다. 국난을 겪을 때마다 땀을 흘린다는 우암의 비석이나, 한국전쟁 시 총탄을 맞아 구멍이 숭숭한 미수의 비석이나 역사의 때가 잔뜩 묻어 있기는 매한가지다.

권력이란 무상한 것, 말짱 도루묵이다.

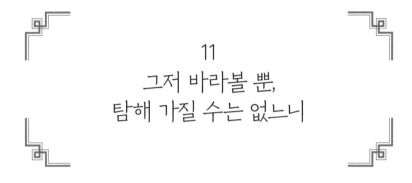

11
그저 바라볼 뿐,
탐해 가질 수는 없느니

물과 땅에는 사랑스러운 꽃들이 많기도 하다. 진나라 도연명은 그중에 국화를 특별히 사랑했고, 당나라 이래로는 사람들이 모란을 깊이 사랑했다. 그러나 나는 유독 연꽃을 사랑하노라. 이는 진흙에서 나왔으나 더럽지 아니하고, 맑은 물에 씻겨도 요염하지 않으며, 속을 비우고 있음에도 밝은 곧은 데다, 무성하거나 가지를 치지 않음이다. 또한 멀수록 향기는 은은함을 더하며, 서 있는 자태 또한 우뚝하고 고고해 함부로 탐할 수 없기 때문이다. 水陸草木之花 可愛者甚蕃 晉陶淵明 獨愛菊 自李唐來 世人甚愛牧丹. 子獨愛蓮之出於淤泥而不染 濯清漣而不 夭 中通外直 不蔓不枝 香遠益清 亭亭淨植 可遠觀而不可褻翫焉

한·중·일 동양 삼국에서 연꽃을 예찬한 최고의 절창으로 평가되어 약 1000년의 세월 동안 널리 불려온 〈애련설愛蓮說〉 중 일부다. 이러한 명문장을 남긴 이는 북송 때의 정치가이자 사상가요 시인이었던 주돈이周敦頤인데, 우리에게는 두 가지 면에서 각별한 인물이다. 우선, 수백 년간 조선 사회 지성계의 주류였던 성리학을 사실상 창시했다. 우주 원리와 인간의 심성에 대한 그의 철학체계가 제자인 정호·정이 형제에게 전수되고 이로부터 약 100년 뒤 남송의 주희에 의해 집대성되었기에, 그 학문을 이른바 정주학파 또는 주자학이라고 불러온 것이다.

또 하나는 태극기와 관련된 논란이다. 그는 우주와 인간의 탄생 원리를 음과 양에 바탕을 둔 태극太極이라 하고 이를 글과 그림으로 설명한 《태극도설》을 만들었다. 주희를 비롯한 많은 유학자들이 이를 신봉했으며, 우리의 태극기도 이에 바탕을 두고 있다는 견해가 있다. 물론, 여기에는 우리 민족이 이미 기원전부터 태극의 문양과 도형을 사용해왔기에 《태극도설》과는 무관하다는 반론도 나오고 있지만, 이 책이 조선의 사대부에게 오랫동안 읽혀온 베스트셀러 중 하나였음을 고려하면, 태극기 제작에 상당 부분 영향을 주었을 개연성은 있어 보인다.

여하튼, 그 주돈이는 세상의 수많은 꽃 중에 연화蓮花를 최고로 꼽으면서 국화는 은둔, 모란은 부귀를 상징한다고 표현하는 데 반해, 연꽃은 군자에 빗대고 있다. 이러한 연꽃이 국내에서 처음으로 재배가 이루어진 것은 조선 전기에 강희맹이 중국 남경에 사신으로 갔다가 돌아오면서 '전당홍'이라는 연꽃의 씨앗을 들여온 데서 비롯된다. 오늘날에도 자국의 식물 종자를 보호하기 위해 외국으로 반출하지 못하도록 하는 점을 고려해보면, 그 당시에도 극비리에 반입했을 것이다. 전당이란 중국 항주에 있는 서호의 별칭으로, 이곳은 예로부터 '황산을 보면 다른 산을 보지 않듯이, 서호를 보면 다른 연꽃을 구경하지 않는다'고 할 정도로 10여 리에 걸쳐 펼쳐진 중국 내 연꽃의 메카였다. 이 전당홍의 씨앗을 사위인 권만형에게 주어 지금의 경기도 시흥에 있는 관곡지官谷池에 심어보도록 했다.

강희맹은 당시 세종의 처조카이자 수양 대군과는 이종사촌 사이였고, 두뇌가 명석했다. 18세 때에 별시 문과에서 임금이 '인재 등용 방법'을 책문으로 내리자, '세상에 완벽한 사람은 없으니 단점을 지적하는 대신 장점을 찾는 것이 인재를 구하는 기본이다'라는 요지의 답을 해 인재 찾기에 목말라 하던 임금을 흐뭇하게 하고 장원 급제까지 한 영재였다. 형조판서를 지내는 동안에는 관용을 최대한 베풀어 옥에 갇힌 죄수가 없을 때도 있었다. 조정에서 포상하려 하자 "옥사가 빈 것은 임금의 선정

관곡지 전경. 저 멀리 정조 임금이 머물렀다는 은휴정(恩休亭)이 보인다. 문익점의 목화씨, 강희맹의 연꽃 씨, 조엄의 고구마, 공히 당대 관리들의 탁월한 마인드가 후대에 얼마나 큰 열매를 맺는지를 여실히 보여준다.

때문"이라며 고사하는 등 겸양의 미덕까지 갖춘 인물이었는데, 부인인 안씨 또한 덕성이 남다른 여인으로 널리 소문이 나 있었다.

이를 상징하는 강희맹의 집터에 얽힌 일화가 시흥 지역에 전해오고 있다. 연산군이 임금이던 시절 지금의 서울 중구 염천교 일원에 있던 그 부부의 집 소나무에 정삼품 벼슬을 하사해 지나던 사람들이 예를 갖췄다는 내용이다. 마치 세조가 내렸다는 보은의 정이품송이나 인조가 하사한 공주 공산성의 정삼품 느티나무, 정조가 당상관으로 예우한 의왕 지지대고개의 당상 소나무 이야기를 떠올리게 하는 수목 유래담이다.

성종 시절, 원자인 연산군이 중병이 들자 강희맹의 집으로 피접을 보냈다. 안씨 부인은 지극 정성으로 보살펴 연산을 쾌유시킨다. 어느 날 장난이 심한 연산이 실 꾸러미를 삼켜 질식의 위험에 처한다. 소식을 듣고 달려온 안씨 부인은 유모에게 귀밑 양쪽을 잡게 하고는 손가락을 넣어 실을 꺼내 죽음 직전에서 살려낸 후, 돌보던 시종들이 다칠 것을 염려해 일체 함구하도록 당부한다. 연산군은 왕이 된 뒤로도 안씨 부인의 이러한 인품을 흠모해 자주 입에 올린다. 어느 날, 강희맹의 집 앞을 지나다 집 안 노송을 보고 안씨 부인의 공덕을 기린다는 의미로 소나무에 벼슬을 내리고 이를 '대부송大夫松'이라 했다.

농업에도 특별한 관심을 갖고 있었던 강희맹은 좌찬성까지 지내고는 고향인 시흥으로 내려와 손수 농사를 짓는가 하면, 백성의 구체적인 농사 실태를 살핀 후《금양잡록》이란 농서를 편찬한 우리나라 최초의 농학자이기도 했다. 또 한가로이 촌로들과 어울리며 들었던 한담을 모아 《춘담해이》라는 패관 문학서를 쓰기도 했는데, 여기에서는 '어떤 지방 선비가 영악한 기생에 빠져 재물을 털리고 거지가 되었다'거나 '주지 스님이 맛난 음식을 혼자 먹기 위해 동자승을 속이다가 도리어 봉변을 당했다'는 등 당대 양반 및 종교인들의 탐욕과 위선을 고발하는 이야기가 담겨 사회 밑바닥 정서를 진솔하게 대변하고 있다.

아무튼, 오랜 세월을 두고 나뉘거나 합치기를 거듭해온 시흥과 안산 지역은 이 강희맹으로 인해 '연성蓮城' 즉 연꽃 고을이라는 아름다운 별칭을 얻었다. 급기야는 정조가 수원 현륭원으로 행차하던 길에 안산 관아에 유숙하면서 이곳 관곡지에 들러 지방 유생들을 대상으로 '연꽃'을 어제로 내려 과거 초시를 베풀고 임금의 은혜로 휴식을 얻은 정자라는 의미의 '은휴정恩休亭'을 남기기도 했으니, 강희맹의 연꽃에 대한 남다른 열정과 정성이 참으로 큰 결실을 맺은 셈이다.

강희맹이 이곳에 기반을 마련하고 오랫동안 시흥과 안산 일대를 연꽃 물결로 덮이게 만들 수 있었던 것은 숙부 강순덕과 그 부인 안성 이씨의 양자로 들어간 인연이 크게 작용했다. 숙모이자 양어머니인 안성 이씨는 조선 초기에 제1차 및 2차 왕자의 난에서 혁혁한 공을 세워 태종 이방원의 권력 기반을 공고히 했던 이숙번의 딸이었으니, 결국 이숙번은 강희맹의 양외조부가 되는 셈이었다. 이런 연유로 이숙번이 공신으로서 하사받았던 사패지의 상당 부분이 딸인 안성 이씨에게 상속되고, 이를 강희맹이 다시 물려받게 된 것이다.

현재 강희맹의 묘와 신도비 등은 관곡지 앞산의 왼쪽 줄기에 자리하고 있는데, 그 산의 상당 부분과 관곡지가 자리한 한옥저택 터는 안동 권씨의 소유로 되어 있다. 특히 이곳 안동 권씨 묘역에 올라보면 여느 왕릉 못지않은 규모의 묘들이 즐비해 당대 명문세족으로서의 위용을 느끼기에는 충분하다.

연꽃에 대한 특별한 사랑은 진주 강씨 문중의 내력이었던 것 같다. 당대에 시서화의 삼절三絶로 통했던 강희안은 희맹의 친형으로, 《용비어천가》에 주석을 다는가 하면 그의 전서체 글씨로 옥새가 만들어지고 조선 문인화의 대표작으로 내려오는 〈고사관수도〉를 그리기도 했다. 그 또한 여러 꽃과 나무의 생태와 재배법은 물론이요, 거기에 깃든 철학적 의미까지 담은 우리나라 최초의 원예서 《양화소록》을 편찬했다. 특별한 것은 여기에 수록된 속칭 '화목구품花木九品'이라는 평으로, 꽃과 나무를 아홉 등급으로 나눈 것이다. 이 중 연화를 소나무·대나무·국화와 함께 1품에 포함시키고 있으나, 으레 그렇듯이 이렇게 평한 이는 다른 사람이라는 둥 다소의 논란은 있다. 그가 연꽃을 예찬하면서 자신이 갖고 있던 삶의 철학을 연꽃에 빗대어 읊은 내용의 일부다.

사람이 평생을 오직 명예와 이권에만 골몰해 늙도록 헤매고 지치다가 쓸쓸히 죽어가니 과연 무엇을 위한 것인가? 벼슬을 떠나 속세의 때를 벗어버리고 저 한가로운 강호에 나가지는 못할지라도 공무를 마치고 나와서는 시원한 바람과 맑은 달빛 아래 그윽한 연꽃 향기 속에서 앞가슴을 활짝 헤치고 휘파람도 불고 시도 읊으며 이리저리 거니노라면 몸은 비록 얽매였다 할지라도 정신만은 세속 밖을 노닐 수 있는 것이다.

"염계 선생이 말하기를 연꽃은 멀리서 바라볼 수는 있으나 함부로 다룰 수는 없다고 했는데, 나는 그려진 연화 역시 그렇다고 생각한다." (표암 강세황)

이로부터 300여 년이 지나 또 한 명의 진주 강씨 문중 인물이 이곳 시흥과 안산 일원에서 활동하면서 지역에 널리 퍼져 있던 연꽃에 매료된다. 풍속화의 대가인 단원 김홍도의 스승으로 알려진 표암 강세황이다. 한성 판윤까지 지낸 문신이기도 하며, 일반적으로는 문인화에 서양의 화풍까지 접목시킨 선비 화가로 일컬어지던 당대 예림藝林의 거목이었다. 그가 연꽃을 예찬하는 마음을 담은 문인화 한 점을 탄생시켰는데, 후대에 들어 '멀수록 향기는 더 은은하고 맑다'는 뜻으로 이름 붙여진 〈향원익청香遠益淸〉이었다. 이는 연화를 '군자의 꽃'에 빗대었던 조선 후기

사대부들로부터 문인화의 걸작으로 평가받는다.

주지하다시피, 인도와 중국이 원산지로 알려진 연꽃은 불교의 상징화다. 원래는 '만다라화'라고 불렸는데, 연꽃 속에 삼라만상을 아우르는 불법이 모두 들어 있다는 의미로, 불교 그 자체요 부처와 동일시하는 것으로 해석될 정도의 극찬이다. 이를 뒷받침하는 설화도 함께 전한다. 석가모니가 탄생할 당시 마야 부인 주변에는 오색 찬연한 연꽃들이 피어올랐고, 부처가 동서남북 사방으로 일곱 걸음씩을 디딜 때도 연꽃들이 떠받들었다는 내용이다.

특히 우리에게 친숙한 고사는 '굳이 말하지 않고도 마음과 마음으로 뜻을 통했다'는 이른바 염화시중拈華示衆의 미소다. 부처가 후계자를 정하고자 제자들을 영취산에 모이게 했고, 깨달음의 진리는 말로 설명할 수 없는 것이라는 뜻으로 연꽃 한 송이를 들어 올렸는데, 그때 참석자 중에서 마하가섭이라는 제자만이 유일하게 부처가 전하고자 하는 의미를 알아채고는 자신도 말로 설명할 수 없다는 마음을 담아 살며시 미소로써 답했다는 내용이다. 곧 연꽃과 깨달음의 미소가 동일하다는 상징적 의미다.

연꽃이 이처럼 불교와 불가분의 관계를 맺는 데는 관련 설화 외에 특유의 종교적 교리와 중생관도 작용하고 있다. 연화가 더러운 진흙 속에도 맑고 깨끗한 꽃을 피워내듯이 인간의 마음도 본래의 청정한 본성은 그대로이며處染常淨, 연이 꽃과 열매가 동시에 생겨나는 것처럼開花卽果 모든 중생도 세상에 나올 때부터 불성을 지니고 있기에 얼마든

지 성불할 수 있다는 철학을 담고 있는 것이다. 또한, 연꽃의 씨는 천년이 지나 심어도 꽃을 피운다는 성질도 중생은 멸하는 것이 아니요, 언젠가는 다시 환생한다不生不滅는 불교의 윤회사상과 꼭 맞아떨어지는 것이다.

이러한 생각으로 인해 연꽃은 불교문화 속 깊숙

사찰 범종에 새겨진 문양이다. 중생을 구제하려는 부처의 복음 속에 연꽃의 향기와 정신이 삼라만상에 널리 퍼져 나가기를 기원하는 의미는 아닐까?

이 자리하게 된다. 우선 법당의 부처님은 연꽃이 만개한 연좌대蓮座臺에 자리하고 있으며, 스님들은 연화의蓮花衣라는 가사를 걸친 채 연화합장蓮花合掌을 하고 연화지蓮花池에 모여 법을 듣는 연화회蓮花會를 갖는데, 이때 세상을 밝히는 것이 연등蓮燈 아니던가. 그뿐이 아니다. 스님들이 기거하는 절집은 연경蓮境이나 연사蓮舍로도 불리며, 사찰 안팎의 모든 구조물에도 연꽃이 새겨져 있다. 게다가 불교에서 상정하는 극락정토 역시 연꽃이 만발해 있는 연화세계蓮花世界요, 연방蓮邦으로 불리고 있으니 온통 연꽃의 향연이다.

한편, 유교에서는 앞서 살펴본 주돈이의 〈애련설〉이 절대적인 영향을 미친 듯하다. 자신들의 사상적 뿌리이자 유림의 종장격인 이가 연꽃을 일컬어, 고작 194자로 그들이 추구하는 '군자의 꽃'이라고 상찬하였기 때문이다. 더구나, 사용된 문장 또한 '단 한 글자도 움직일 수 없다'는 명문으로 평가받는 데다, 모든 유생들이 이를 신봉하는 분위기가 대대로 이어졌으니, 아무리 부처 자체로 여겨졌던 불교의 상징화였다고 하더라도, 노골적으로 배척하기는 쉽지 않았을 것이다. 조선 초기 《불씨잡변》을 통해 숭유억불의 기본 틀을 잡았던 삼봉 정도전도 예외가 아니었다. 《경렴정명후실》에서 자신의 생각을 다음과 같이 밝히고 있다.

> 염계(주돈이)의 말씀에 연화를 군자의 꽃이라 하셨으며, 또 이르기를 "연꽃을 나만큼 사랑하는 이가 몇이나 되겠는가" 했다. … 진실로 연꽃의 군자됨을 알면 염계의 즐거움도 얻게 될 것이다. 그러나 어떤 물건을 통해 성현의 낙을 이해한다는 것이 어찌 쉬운 일이라 하겠는가.

도교에서는 여덟 명의 신선을 상정하고, 이들이 인간들의 장수와 복을 주관하다고 하는데 이를 도교팔선이라 한다. 이 중 유일한 여선이 하선고何仙姑로 열다섯 살 무렵 운모가루를 먹고 신선이 되었는데, 늘 연꽃을 들고 다니면서 살림과 출산 등을 돕는다. 이처럼 예로부터 동양 문화권에서는 종교적 색채 여부를 떠나 넘어 연꽃이 사람들에게 경외의 대상이었으면서, 그 약성에도 주목해 약재와 식재료로 쓰이는가 하면 연엽반상과 같은 생활용품에도 그 문양이 사용되었다. 한편,

연꽃 또는 연밥이 사랑의 매개체로 여겨져 수많은 염정시艶情詩, 즉 남녀상열지사의 소재가 되었는데 이는 사랑 연戀 자와 연꽃 연蓮 자의 발음이 같은 것과도 관련이 있어 보인다. 조선 중기 허난설헌이 쓴 〈채련곡〉, 즉 연꽃 따는 사랑 노래다.

<blockquote>
가을의 맑고 넓은 호수에 물결은 푸르른데 秋淨長湖碧玉流

연꽃이 피어 있는 깊은 곳에 목란배 매어두고 荷花深處繫蘭舟

그리운 임을 만나 물 건너로 연밥을 던지다가 逢郞隔水投蓮子

산책 중인 이에게 들켜 반나절 내내 부끄러웠네 遙彼人知半日羞
</blockquote>

시흥의 관곡지 주변에는 3만여 평에 달하는 대규모 연꽃테마파크가 조성되어 한창때면 그야말로 북적인다. 연화가 만개하는 철이 살짝 지나간 9월 중순에도 커다란 카메라를 들고 뒤늦게 피어 있는 어떤 꽃의 어떤 순간을 포착하려는 사진작가들의 발길은 분주하다. 이내 숨죽인 채 조심스레 셔터를 누르는 모습은 마치 구도자의 그것이다. 호수 한복판에 피어 있는 꽃송이의 외롭고도 고결한 속마음을 담아내려는 열정이 문외한인 내게는 샘나는 일이다.

향원익청香遠益淸, 멀리 있으나 그 향기는 더욱더 은은하고 그립다.

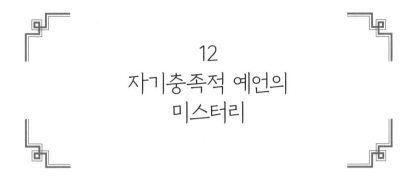

12
자기충족적 예언의
미스터리

"백오 김성욱이라고 합니다." 통성명하는 과정에서 그가 밝힌 '백오'라는 호號를 듣고는 고향이 강원도 평창이냐고 물었다. 의외라는 눈치와 함께, 여태껏 자신의 호만 듣고 고향을 맞춘 경우는 처음이라고 했다. 사실 그리 놀라운 일도 아니다. 백오白鳥는 말 그대로 '흰 까마귀'라는 뜻으로, 평창의 옛 지명이기 때문이다. 그는 재야 주역학자로 일반인에게는 다소 생소한 이름이나 관련 분야에서는 꽤나 알려져 학계는 물론 정·재계로부터 자문 요청을 받기도 하고, 특히 2001년의 9.11 테러 발생을 예측했던 것으로 언론에 소개되기도 한 사람이다.

여기에 나오는 흰 까마귀는 예로부터 대단한 예언력을 가진 데다, 출현할 경우 매우 좋은 기운이 생긴다고 여겨져 '천년길조千年吉鳥'로 불리던 새다. 예부터 중국에서 백오가 나타나 황제가 하늘에 제사를 지냈다는 고사가 전해오고 있으며, 《조선왕조실록》에도 우리나라와 중국에서 백오가 출현한 것을 축하하는 기록이 심심치 않게 보인다.

> 임금이 신정의 하례와 흰 까마귀白烏의 출현을 축하하는 표전문을 배송했다.…'흰 까마귀의 아름다운 상서가 드디어 성세盛世에 나타났으니, 응당 경사의 칭송을 사방에서 올려야 할 것입니다.'《세종실록》 1429년 10월 12일

그런 뜻을 지닌 지명의 덕분일까, 평창은 그간 상서로운 일들이 꼬리를 물었다. 지난 2006년과 2011년, 일제에 강탈당한 《조선왕조실록》과 의궤의 오대산본이 100여 년 만에 국내로 반환되는가 하면, 2012년 12월 이곳 평창과 인근 정선 지역에 흰 까마귀가 목격된 후 민족의 노래 〈아리랑〉이 유네스코 인류무형문화유산에 등재되기도 했다. 무엇보다, 세계 3대 스포츠 이벤트인 2018 동계올림픽을 성공적으로 개최함으로써 세계적인 지명도를 확보한 것은 이 고장으로서는 쾌거 중의 쾌거요, 가히 기념비적인 일이었다.

이러한 까마귀를 지역 이름에 포함하고 있는 곳이 또 있다. 경기도 오산烏山이다. 지명의 유래에 관해서는 옛날 까마귀 떼가 많았다거나 냇가에 자라鼈가 많아 오산鼇山으로 불리다가 오산烏山으로 바뀌었다는 등 설왕설래가 무성하다. 특히 흥미로운 것은 본디 이곳의 '가막산' 또

는 '까막뫼'에서 유래되면서 음이 유사한 까마귀가 등장했다는 견해다. 사실 여기의 가막加幕이란 '높고 숭고하다'는 뜻을 담고 있는데, 마치 이 지역의 중요한 인문적 콘텐츠인 궐리사闕里祠가 자리할 것을 예언한 듯하다. 모든 유생들이 유교의 시조로 받드는 공자의 영정을 모신 사당이니 그들에게는 더할 나위 없이 성스러운 장소다.

현재 국내에 궐리사라는 이름을 갖춘 곳은 두 군데다. 다른 하나는 충남 논산에 있으며, 조선 중기 주자학의 거목이자 서인의 리더였던 우암 송시열이 제자들에게 명해 건립한 만큼, 오산의 궐리사가 임금의 명을 받아 공자의 후손들이 세웠다는 것과는 상당한 차이가 있다. 670여 년 전, 당시 고려가 사실상 원나라의 지배하에 들어가 있던 상태에서 공민왕이 원나라 노국 공주와 결혼한다. 이와 관련해 파생된 이야기로 사실과 전설이 뒤섞여 전해오는데, 요약하면 이렇다.

당시 노국 공주를 따라온 한림학사 공소孔紹가 고려에 귀화해 오산에 정착한다. 자손 대대로 이곳에 세거해오던 가운데, 16세기 무렵 공소의 후손인 공서린孔瑞麟이 벼슬에서 물러나 낙향해 후학을 지도한다. 이때 공자가 그랬듯이 집 안뜰 은행나무에 북을 매달아놓고는 제자들을 독려하기도 했는데, 그가 죽자 이 나무도 고사한다. 다시 세월이 한참이나 흘러, 정조가 아버지 사도 세자가 잠든 융릉에 참배를 왔다. 어느 날 남녘을 바라보다가 수많은 새들이 슬피 우는 것을 목격하고는 행차했는데, 때맞춰 죽은 은행나무에서 싹이 나오는 것을 보게 된다. 소상한 내막을 알게 된 정조는 그곳에 공자의 사당을 짓도록

궐리사 전경. 앞으로 대로가 지나는 등 어수선한 듯하나, 경내로 들어서면 수백 년 된 은행나무와 중국 곡부현에서 기증받은 공자상, 사당인 성묘(聖廟), 교육장소인 행단(杏壇) 등이 경건한 분위기를 한껏 자아 낸다.

하고, 공자가 살았다는 마을 이름을 본떠 '궐리사'라는 친필 편액을 내리는 한편, 공자의 후손들에게는 '곡부曲阜'라는 본관을 하사한다.

또 하나 의외인 것은 오산 비행장에 얽힌 묘한 사연이다. 사실 오산에는 비행장이 없다. 이는 인근 지역인 평택 송탄 일원에 있는 대한민국과 미군의 합동 기지를 가리키는 것인데, 그렇게 불리고 있는 것은 다분히 이름 때문이다. 한국전쟁 초기, 미군은 오산천 둔치를 임시 비행장으로 사용하다가 1951년 현재의 위치인 평택으로 옮겼다. 그럼에도 미군들은 기존에 써오던 오산Osan이 평택Peongtack 또는 송탄 Songtan보다 철자가 적고 발음하기도 쉽다는 이유로 여전히 '오산비행장' 또는 '오산공군기지'로 부르기로 했다. 연유야 어찌 되었든 오산은 이미 까마귀가 하늘을 날듯이 비행기와 관련된 운명이 깃들어 있었던 것이 아닐까 싶다.

예언이 사실대로 나타나는 경우는 의외로 많다. 이를 단순히 비논리적이라고만 치부하는 것은 인간의 능력을 과신하는 교만일 수도 있다는 생각이다. 중종 때 권신이었던 김안로는 한때 현재의 용인 풍덕천 일원에서 귀양살이를 한다. 외롭고 각종 병마에 시달리는 상황에서 마음을 추스르고자 고군분투하면서도, 그간 살아오며 듣고 겪었던 기묘한 이야기들을 정리해 《용천담적기》라는 야담집을 엮는다. 그중 인간의 겸손한 자세를 촉구하고 스스로 다짐하는 내용의 일부다.

> 나라의 흥망과 천명, 인심의 향배에는 무릇 징조가 나타난다. 일사일물의 성패와 행하는 바도 전정前定되지 않음이 없는데, 이러한 현미玄微한 이치를 알아볼 수 있는 자라야 무릇 현인달사賢人達士라 할 것이다.

앞서 나온 오산의 경우처럼, 지명에 담긴 의미가 현실로 나타나는 사례는 수없이 많다. 미래 예측에 응하는 것이니 일종의 참응설讖應說이라 할 수 있는데, 때로 예언적이기도 하고 때로는 교훈적인 느낌도 내재되어 있다. 예부터 내려오는 대다수 지명에는 오랜 세월 쌓인 역사와 문화는 물론이요 민초들의 지혜와 희로애락, 그리고 당대의 열망과 영혼이 깃들어 있다. 그러기에 이러한 의미를 새긴다면 행정 편의만을 내세워 함부로 손대는 일은 재고해야 한다는 생각이다. 개개인의 이름에 그의 정체성이 담겨 있듯이, 지명에도 나름의 정신이 살아 숨 쉬고 있다.

서울 이태원의 본래 한자 이름은 '서로 다른 태아'라는 뜻의 이태원異胎院이었다. 오늘날 많은 외국인들로 북적이는 동네가 될 것을 예감한 듯하다.

인천 국제공항이 위치한 영종도永宗島는 '긴 마루 섬'이니 활주로를 떠올리게 되고, 인근 용유도龍遊島 또한 용이 하늘에서 노니는 것을 연상시킨다.

포스코의 제철소가 들어선 전남 광양光陽의 옛 이름은 쇠 섬, 한자로는 금호도金湖島였다. 철의 섬이 될 운명이 아니었을까 싶다.

성남시 금토동金土洞은 판교 테크노밸리 인접 지역으로 일대가 개발됨에 따라 금싸라기 땅이 되고, 많은 토지 수요자들의 발길이 바쁘다.

1896년 아관파천 당시 탁지부 대신 어윤중이 쫓기다 용인의 어비울魚悲蔚에서 잡혀 죽자, 세인들은 '어씨가 슬피 되는 곳'이었다고 해석한다.

여주 왕대리王垈里는 고려 말 우왕이 이성계 일파에 쫓겨나 머무른 곳이다. 수십 년 후 세종 대왕릉이 이곳에 옮겨옴으로써 명실상부한 왕터가 되었다.

이러한 참응설은 단순히 지명에 머무르거나 미래를 예언하는 수준에 그치지 아니하고, 어떤 상황을 만들어가기 위한 도구로도 활용된다. 은유적이면서도 풍자적인 내용을 담은 말이나 글은 물론이요, 구전가요의 모습을 띠기도 하는 것이다. 이를 참언讖言 또는 참요讖謠라 하는데, 오늘날로 치면 엄청난 전파 속도를 가진 일종의 소셜네트워크서비스SNS다. 형태 또한 다양해 민간에서 자연 발생적으로 구전되는 것이 있는가 하면, 일종의 심리전 차원으로 특정 세력이 정치적 의도를 갖고 유포시키는 경우도 있고, 양쪽이 뒤섞여 나타나기도 한다. 다만 이들은 그 출처가 불분명해 추측만 할 뿐, 확실한 진원지를 찾기 힘들다는 공통점을 갖고 있다.

예부터 동양 문화권에서 거북은 용·기린·봉황과 더불어 이른바 4령(四靈), 즉 '영험한 기운을 가진 네 동물'로 불려왔다. 갑골문의 예언 및 신통력에 대한 믿음은 3500년을 훌쩍 뛰어넘는다.

　기록상 가장 대표적인 형태는 삼국 시대를 시작으로, 역대 왕조의 교체기마다 나타난 〈망국요〉다. 구왕조가 몰락하고 새로운 세계가 도래할 것임을 시사하는데 예외가 없다. 백제 의자왕 말기에는 어떤 거북이 등에서 '백제는 이지러지는 달百濟圓月輪이요, 신라는 떠오르는 달新羅如新月이라'는 참언이 나타나 백제의 패망을 예고하고 있다.

　이로부터 300여 년이 지난 시점에는 후삼국 시대가 도래하면서 더욱 많은 참요가 난무하는데, 왕건이 궁예를 몰아낸다는 뜻으로 '먼저 닭을 친 후 압록에 이르리'고 쓰인 오래된 거울이 발견되고, 이어 통일신라의 멸망이 필연적임을 상징하는 말이 떠돈다. "계림은 누른 잎이요鷄林黃葉, 곡령은 푸른 소나무라네鵠嶺靑松". 계림은 신라의 국호이고, 곡령은 개성의 송악산을 칭하는 것임을 상기해보면, 단 여덟 자로 두 왕조의 명멸을 절묘하게 압축하고 있다.

고려조에 들어서는 특히 정치적 국면과 어울려 다채로운 참언과 참요가 성행한다. 1170년 무신들이 자신들을 핍박하던 문신을 집단으로 처단한 장소를 거론하며 '보현원이 어디쯤인가, 여기서 몰살되리라'는 경고가 공공연히 나돈 데 이어, 몽고 황실의 부마가 되었던 충렬왕 시절에는 '만수산에 연기가 가득하다萬壽山煙霧蔽'는 참언이 나온다. 중국 연경에 있는 만수산을 빗대어 원나라 쿠빌라이의 죽음을 예언한 것이다. 이어, 고려 말기에는 급기야 이성계 진영에서 의도적으로 만들어낸 듯이 보이는 '목자득국木子得國', 즉 이씨 성木+子을 가진 자가 나라를 얻는다는 예언이 급속히 퍼지면서 신왕조 출현의 분위기를 한껏 고조시킨다. 《중용》 24장에 나오는 공자의 금언이다.

국가가 장차 흥하려 할 때는 國家將興
반드시 상서로운 길조가 있고 必有禎祥
국가가 장차 망하려 할 때도 國家將亡
어김없이 요상한 흉조가 보인다 必有妖孽

시기적으로 현대와 더 가까워서 그럴 수도 있겠지만, 조선 시대 참언과 참요에 대한 기록과 이야기는 한층 더 많다. 그 형태 또한 독특한 캐릭터를 가진 임금의 재위 당시에 벌어지는 상황을 풍자하는 것은 물론, 《정감록》《격암유록》《송하비결》등 이를 뒷받침하는 참언서들이 줄줄이 나타나고, 특히 기존에 구전되어오던 민요가 변형되기도 했는데, 이러한 현상들에 대해 실학의 뿌리였던 성호 이익은 "군주는 귀담아듣고, 자신의 몸가짐을 새롭게 해야 할 것"이라고 설파하고 있다.

연산군 시절에는 그의 악폐와 몰락을 예측하는 〈삼합로고요〉가 노래로 불리고, 임진왜란 시에는 이전부터 전해오던 '선조의 피난길에 경기 감사가 건네준 우비를 입고 비를 피한다京畿監司 雨裝直領'는 참언이 사실로 확인되기도 한다. 여기에 숙종 시절, 인현 왕후와 장 희빈의 처지를 빗대어 유행되던 '미나리는 사철이요, 장다리는 한 철이라'는 가사는 널리 알려진 참언의 대표적 사례로 오늘날까지 대중매체 등에서 종종 소개되고 있음을 볼 수 있다. 한편, 조선 말기 혼란한 정국 상황에서는 참언이 더욱 기승을 부린다. '갑오년에 일어난 동학농민혁명이 을미년까지 미적대면 병신년에는 실패할 것'이라며 동참을 촉구하고 있다.

가보세 가보세 을미적 을미적 병신되면 못 가나니…

나라는 망하고, 엄혹했던 일제강점기의 끝 무렵에는 태평양 전쟁에서 일본의 패망 소리가 들린다. 이를 예고하는 참언이 국민학교 여학생들의 놀이를 겸한 동요에 섞여 있다. "빨간 동그라미 언니는 전차에 깔려서 납작쿵 / 그 어머니가 와서 땅바닥을 두드리며 엉엉엉…." 빨간 동그라미는 일본이요 전차는 미군을 상징하며, 그 어머니는 일본 황실을 은유하고 있으니 일본은 곧 망해 땅을 치며 통곡할 것이라는 속마음을 담고 있다. 드디어 해방이 되지만 온통 혼란투성이요, 한반도 주변국들은 주판알을 튕기며 자신들의 잇속 챙기기에 정신이 없다. 다시 한번 경고음이 울린다. 오늘날의 정세를 둘러보게 하는 듯, 범상치 않은 메시지다.

> 미국을 믿지 말고 소련에 속지 말자.
>
> 일본 놈 다시 일어나고 떼 놈들 떼로 몰려온다.
>
> 조선 사람이여, 또 조심하라.

이러한 참언이나 참요가 정치적인 이유나 내용으로만 쓰인 것은 아니다. 때로는 사랑의 묘약 역할도 했다. 가장 먼저 떠오는 이야기가 백제판 '로미오와 줄리엣'인 〈서동요〉다. 나중에 백제의 무왕이 된 서동은 "선화 공주는 서방님을 몰래 사귀어두고 밤마다 은밀히 안으러 간다"는 노래를 퍼뜨려 선화 공주를 자신에게로 끌어들인다. 통일신라의 무열왕 시절에는 원효대사가 임금의 누이로 청상과부이던 요석

공주를 품기 위해 아이들의 입을 빌려 "누가 자루 없는 도끼를 빌려 줄 것인가. 하늘 받칠 기둥을 깎으려 하네"라는 은유적 노래를 퍼뜨려 뜻을 이루었다.

한편, 조선 중기에 회자된 '밭 있으면 세금 없고 세금 있으면 밭이 없다有田無稅, 有稅無田'는 말은 오늘날 종종 쓰이는 '유전무죄요, 무전유죄'라는 유행어와도 똑 닮았다. 1623년 인조반정에서 일등공신으로 책봉되어 막강한 권세를 누리던 김자점의 전횡이 날로 심해지는 것과 맞물려 〈자점점점自點點點〉이라는 간단한 동요가 시중을 파고든다. 이 여파였을까, 김자점은 64세 나이로 참수되었다. 정조 시절에는 '수원은 원수요, 화성은 성화이고, 조심태는 태심'이라는 빈정거림이 나오는데, 이는 화성 축성 감독관이던 조심태가 가혹하게 채근하자, 그 불만을 담아 부르던 노래였다. 이처럼 민초들의 카타르시스 통로이기도 했다.

우리 속담에 '말이 씨가 된다'는 표현이 있다. '말해오던 것과 결과가 같아진다'는 뜻이다. 서양의 '자기충족적 예언self-fulfillment prophesy'이라는 용어도 이러한 의미를 담고 있는 듯하다. 심리학에서 시작해 오늘날에는 사회과학 전반에 널리 사용되고 있는 이 용어는 '미래에 대한 기대와 믿음이 실제의 결과로 이루어지는 경향성'이라고 정의되고 있다. 이의 하위개념 또는 유사하게 취급되는 심리현상들도 여럿이다. 이 중 '플라시보 효과'는 의사가 가짜 약을 투여했음에도, 환자 자신의 믿음 때문에 증세가 호전되는 것을 말한다. 어린 시절 듣던 "할

지로데 트리오종 작. 18세기. 인간의 지극한 소망이 하늘에 닿는다는 사고는 동·서양을 관통한다. 지난 2002년 월드컵 4강 신화 당시 '꿈은 이루어진다'던 캐치프레이즈도 이에 다름 아니다.

머니 손은 약손"이라는 말이 오버랩된다. 한편, 어떤 기대와 예측이 이루어지는 것을 지칭하는 '피그말리온 효과'는 그리스 신화에 나오는 이야기에서 비롯되었다.

키프로스의 왕 피그말리온은 여성 혐오론자였다. 많은 여인이 주변을 서성였지만 가까이 오지 못하도록 했다. 대신 그는 뛰어난 솜씨로 조각상을 만드는 데 열심이었고 어느 날 걸작 하나를 완성한다. '갈라테이아'라는 여인상이었다. 어느덧 그녀에게 빠져들고 깊은 사랑을 느껴 "이런 여인이라면 꼭 결혼하고 싶습니다"라고 기도한다. 지켜보던 미의 여신 아프로디테는 그 조각상에 생명을 불어넣어 그의 간절한 바람이 이루어지게 해주었다.

결국 오랜 세월 우리 선조들과 희로애락을 같이해온 지명의 미스터리는 물론이요 수많은 참언·참요의 신비성과 서양의 '자기충족적 예언' 이론을 관통하는 정서는, 인간의 간절한 여망이 쌓이면 과학과 합리의 영역을 초월하는 결과를 가져올 수도 있다는 생각에 미친다.

또 하나의 교훈이 있다. 한없이 연약해 보이는 민초들의 힘이 사실은 가장 강력하다는 것이다. 사마천은《사기》에서 이를 갈파한다.

대중의 마음이 모이면 능히 성을 쌓을 수 있고, 그들의 입이 보태지면 무쇠도 녹일 수 있다 衆心成城 衆口鑠金

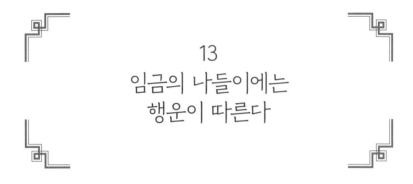

13
임금의 나들이에는
행운이 따른다

전날 서울 창경궁을 출발한 정조 대왕의 능 행차 행렬이 경기도 안양·의왕을 지나 화성華城을 품은 수원에 도착했다. 이날 오전 서울 금천구청을 떠난 지 약 다섯 시간 만이다. 능 행차는 1795년 정조가 아버지 사도 세자의 묘소가 있는 화성시 융릉을 참배하기 위해 궁을 떠난 조선 최대 규모의 왕실 행렬로, 뒤주에 갇혀 숨진 사도 세자를 향한 정조의 효심을 상징한다. 300여 명의 서울 구간 행렬이 수원 구간부터 대규모 행렬로 바뀌었다. 수원 종합운동장에서 군사훈련장인 화성 연무대까지 3.1킬로미터는 능 행차 재연의 백미로 꼽혔다. 황금색 옷을 두른 4개 취타대의 흥겨운 연주에 맞춰 2,000여 명의 행렬단과 240필의 말, 일반 시민 등의 행렬이 장관을 이뤘다.

2017년 9월 어느 일간지 기사 내용의 일부다. 정조 대왕의 능 행차는 수원시가 지난 1964년부터 열어오고 있는 수원화성문화제 메인 프로그램이자, 우리나라의 대표적인 거리 퍼레이드 중 하나다. 널리 알려진 바대로, 정조는 열 살의 어린

배다리(舟橋)는 지혜로운 임금과 신하가 합작한 18세기 첨단기술이었다. 정조는 저곳을 건너, 효심·애민·소통·국론 결집을 위한 대장정에 나선다.

나이에 아버지 사도 세자가 조선 왕실 역사상 가장 참혹하게 죽어가는 장면을 지켜보아야 했고, 이어 노심초사의 세손 시절을 거쳐 어렵사리 왕위에 오른 직후 "나는 사도 세자의 아들이다"라고 사자후를 토해냈다. 오랜 세월 가슴에 맺힌 응어리를 드러내 보이는 것이요, 비명에 간 아버지를 향한 통한의 절규였으리라.

아버지를 향한 그리움은 그의 묘를 적극 받드는 것으로 나타난다. 존호를 장헌 세자로 공식 추존한 데 이어, 본래 경기도 양주에 있던 묘墓를 원園으로 격상한 후 급기야는 지금의 화성으로 옮겨 현륭원이라 칭했다. 다시 100여 년이 지나 고종이 장헌 세자를 장조莊祖로 추숭함으로써 오늘날의 융릉隆陵으로 자리 잡았다.

정조는 재위 시절, 한 해 평균 세 차례 정도의 능행에 나섰다. 이는 조선의 역대 임금 중 가장 빈번한 것이었으며, 여기에는 나들잇길에서 백

성의 소리를 직접 듣고자 했던 남다른 소통 철학도 깔려 있었다.

대표적인 것이 상언上言과 격쟁擊錚으로, 일반 백성은 임금의 행차 길에 나가 이 두 가지 방법으로 자신의 하소연을 상달할 수 있었다. 전자의 경우 글을 아는 사람이 글로써 소원하는 방식으로 한 사람당 두 차례로 국한되었다. 후자는 글을 모르는 사람들이 꽹과리나 징을 쳐서 관심을 불러 모은 후 뜻을 밝히는 생생한 민의상달의 장이며, 횟수의 제한이 없는 데다 그 대부분이 지체가 낮은 평민과 천민이 주 대상이었다.

이러한 제도는 사실 정조 이전부터 운영되어 왔지만, 부민고소금지 법에 따라 자신의 고을을 다스리는 수령을 탄핵하거나 노비가 주인을 고발하는 등 신분질서를 어지럽히는 행위는 금했다. 결국 처와 첩, 양인과 천인, 부모와 자식 간임을 확인·구분하거나, 자신에게 내려진 형벌이 적절한지 여부를 밝혀달라는, 이른바 '사건사四件事'에 국한함으로써 한계가 있을 수밖에 없었다.

그러나 정조는 이러한 제한을 과감히 깬다. 그러자 백성의 속마음이 생생하게 드러나고 탄원도 봇물 터지듯 한다. 당연히 신하들은 경호상의 문제를 비롯해 윤리강상을 어지럽힌다거나, 사회와 행정의 불안을 초래한다는 등의 폐단을 들어 자제를 진언한다. 실제로 상식을 뛰어넘는 모람冒濫의 사례가 발생하고, 임금의 행렬이 지나는 고을의 일부 수령들은 관내 백성에 대해 미리 입단속을 하는 등 부작용이 생기기도 한다.

그러나 정조는 큰 틀을 그대로 유지하는 뚝심을 발휘하는 한편, 제기된 제도적 모순점들에 대해서는 시정을 촉구하면서 '무례한 청'이라는 대신들의 의견에는 "저들은 죄가 없다. 그렇게 만든 우리가 죄인이다"는 비답을 내리는 등 민본民本의 전형을 보여준다.

> 형조에서 아뢰기를, "덕산의 백성 김성옥이 궁감宮監 김응두가 폐단을 부린 일 때문에 격쟁했습니다" 하니, 판하判下하시기를, "…이는 함부로 날뛰는 조짐에 해당되니, 해당 궁임宮任을 잡아다가 엄중히 신문해 공초를 받아서 아뢰게 하라. 또다시 어떤 일을 막론하고 만일 궁차가 폐단을 부리는 일이 있을 경우에는, 해당 지방관은 즉시 순영에 보고하고 순영 또한 즉시 장문하도록 하라"고 했다. 《정조실록》
> 1791년 5월 8일

이는 백성 개인의 억울함을 풀어주는 측면이 강한 일화인데, 제도 개선으로 이어지는 경우도 적지 않았다. 그 대표적인 경우가 김이수라는 인물과 관련된 이야기다. 그는 당시 신안군 흑산면에 살던 평민으로, 평소 '말하기 어려운 것이 아니라 듣기가 어려운 것'이라는 신념을 보이는 등 민권의식이 각별했다. 1791년 어느 날 험한 바다를 건너와 정조의 행차를 가로막고 격쟁을 울리고는 아뢴다. "나라의 불합리한 세금제도로 도서민의 부담이 가중되고, 특히 흑산도는 종이를 만드는 닥나무에 대한 공납 요구가 극심해 백성이 참혹한 지경입니다."

흑산도 김이수의 묘소. 비에는 낭청을 지낸 것으로 적혀 있다. 하위직이긴 하나 평민 출신이 벼슬길에 나아간 자체가 특별한 일이다. 그가 초라한 목선에 의지해 험한 바다를 넘고 한양까지 온 것은 정조의 탁월한 개혁 마인드와 애민군주에 대한 무한신뢰가 있었기 때문이리라.

정조가 환궁한 후 해당 부서에서 실태를 확인하자 담당자는 "흑산도에서 닥나무가 많이 나기에 징발이 불가피하다"고 보고한다. 이때 정조의 비답이 명언이다. '손상익하 損上益下.' 조정이 손해를 보더라도 백성을 이롭게 하는 것이 나라의 존재 이유요, 정치의 요체라고 설파한 것이다. 《정조실록》은 이때의 일을 '흑산도 백성이 닥나무 세금 폐단으로 인한 원통함을 징을 쳐 호소하니 이를 시정했다'고 기록하고 있다. 《주역》에 실린 공자의 금언이 이를 꿰뚫는다.

위에서 덜어 아래로 보태어주니 損上益下

백성의 기뻐함은 한이 없고 民說无疆

위로부터 스스로 아래로 낮추니 自上下下

그 도와 정치가 크게 빛나는 도다 其道大光

물론 조선 시대에 민초들의 뜻이 상달되는 수단이 이러한 상언이나 격쟁에만 국한된 것은 아니었다. 주지하다시피, 태종 시절부터 시행된 신문고가 있었다. 하지만 이는 궁궐 안에 설치된 데다 사용 절차가 간단하지 않고, 탄원의 내용 역시 제한되어 있어 유명무실했다.

또한 탐학을 못 이겨 몰래 지역을 이탈하는 야반도주夜半逃走, 집단 햇불시위 성격의 거화擧火, 각종 유언비어를 퍼뜨리는 와언訛言, 비방 대자보를 부쳐놓는 괘서掛書, 그리고 높은 산자락에 올라 온갖 욕지거리를 쏟아내는 산호山呼 등이 있었으나, 정상적인 민의 소통 방법이라기보다는 가렴주구가 극심하고 언로가 막혀 있는 상황에서 터져 나오는 일종의 집단 투쟁 형태였으니, 공식적이고 합법적인 상언이나 격쟁과는 그 성격이 사뭇 달랐다. 강원도와 경기도 일원에 전해오는 '욕바위' 이야기가 흥미롭다.

원주에서 양평으로 통하는 지점의 높은 벼랑에는 커다란 바위들이 있다. 옛날 원주 지역을 다스리던 목민관들이 임기를 끝내고 한양으로 돌아가는 길목이다. 재임하는 동안 민초들의 원성을 산 경우는 엄청난 봉변을 각오해야 한다. 그가 지나갈 때에 맞춰 산자락 뒤편으로 오른 백성의 입에서 온갖 불만과 함께, 쌍욕이 쏟아진다. '개××', '나쁜 놈'은 약과이고, "다시 오면 죽여버린다"는 경고도 빠지지 않는다. 앞은 벼랑이요, 뒤편으로 돌아가려면 엄청난 시간이 걸린다. 그저 묵묵히 이를 감수하며 지나는 것 외에 어찌해 볼 도리가 없다. 세인들은 이를 '욕바위'라고 불렀다.

임금의 궁궐 밖 나들이에는 '거둥擧動'이라는 사실적인 용어와 더불어 존칭의 의미가 담긴 '행행行幸'이라는 표현도 사용되었다. 이를 '행운을 가져오는 발길'이라는 뜻으로 해석할 수도 있고, 조금 더 확대해

보면 '임금이 거동하면 행운이 따른다'는 의미로도 볼 수 있다.

널리 알려져 있듯이, 정조의 화성 지역 행차는 사도 세자 능 참배와 더불어 신도시 건설을 의식한 화성 축성 문제가 맞물린 거대 프로젝트의 일환이었다. 즉 정조 자신은 물론이요, 국가의 명운까지 걸려있는 발걸음이었기에 그 행행이 갖는 의미와 이에 따르는 시혜 조치 또한 다른 임금들의 경우와는 비교도 안 되는 특별한 것이었다.

수원의 중심인 읍치邑治를 기존의 화산 일대에서 팔달산 기슭으로 옮기면서, 교육 및 교통시설과 같은 민생 대책 강구는 물론이요, 백성의 거주지 이전에 따른 보상과 이사비용까지 지급하면서도, 그들의 거주권을 최대한 고려하다 보니 신도시 건설의 상징이었던 화성이 구불구불한 지금의 모습이 되었다. 강제 이주와 무보상이 상례였던 종래의 방식과는 차원이 다른 것이었다. 한편, 지역 백성을 나라님이 주관하는 연회에 초대하는 일은 기본이요, 각종 세금과 부역 의무를 감면시키거나 수원부에 갇혀 있는 죄수들을 석방하고, 유배자를 풀어주는 등 파격이 꼬리를 문다.

지식인층에 대한 배려도 놓치지 않는다. 역대 임금들이 해오던 외방 별시特定 지역에 한정되는 임시 과거 시험를 시행하는 것이었으나, 규모와 횟수에서 다른 임금들과는 비교가 되지 않았다. 이 과정에서 타 지역 인사들까지 위장 응시했다가 적발되기도 한다. 사실 이런 해프닝은 조선 시대 내내 발생했는데, 그만큼 당대 식자층에게는 벼슬길에 나가는 것이 지상 과제였음을 반증한다.

헌부에서 보고하기를 "지난 영릉 행행 시 경유하는 지역의 본토인만 뽑기로 했는데도, 서울 유생들이 갖은 수단을 동원해 자기 이름을 부정한 방법으로 명단에 올리고 외람되게 과거에 응시한 자가 꽤 많았습니다. … 그러니, 이번 제릉 행행 시에는 비록 장부에 그 명단이 올라 있어도 여러 사람이 항상 거주하는 사람이라고 인정하지 않는 자에 대해서는 응시를 일절 금지하도록 명하시오소서" 하니, 그리하라 답했다. 《중종실록》 1534년 7월 22일

이와는 별개로, 화성 축성의 교과서라고 할 수 있는 《화성성역의 궤》에는 백성에 대한 더욱 감동적인 조치들이 담겨 있는데, 이 또한 종래와는 판이한 내용들이었다. 우선 실명제를 도입한 점이다. 이는 국가적인 사업에 동참했다는 개개인의 자부심과 함께, 맡은 소임에 대한 책임감을 고양하려 했던 것으로 보인다.

이런 이유로 강아지·망아지·악발이·삽사리·대복이와 같은 지극히 천한 이름들도 일일이 의궤에 남기는가 하면, 혹서기에는 일사병을 치료하는 척서단과 일종의 영양제인 제중원을 나눠주고, 겨울철에는 방한용 털모자를 지급하기도 한다. 당상관 정도가 겨우 보온용 귀마개를 할 정도의 시절이었다. 마치 세종이 설파했던 "천민도 신분만 다를 뿐, 하늘이 내린 똑같은 백성이다"는 금언이나, "나라를 지키는 데 귀천이 따로 있을 수 없다"며 전쟁에 참여한 자들의 이름을 빠짐없이 기록으로 남겼던 충무공 이순신의 남다른 백성관을 떠올리게 하

는 대목이다.

또 하나 특기할 만한 사항은, 부역을 위해 인력을 강제로 징발하던 관행과는 달리, 상응한 노임을 지급하는 임금고용제를 실시한 것이다. 이는 노동 과정에서 부상당한 자들을 위해 개설한 임시병원의 수용자들도 예외가 아니었다. 그들에게도 하루 일당의 절반씩 꼬박꼬박 지급되었다.

사정이 이렇다 보니, 이 지역뿐 아니라 전국 각지에서 일꾼들이 몰리는 '조선판 일자리 창출'의 효과를 보이기도 한다. 이는 화성 축성과 신도시 건설의 공사 기간을 단축시키는 결과를 가져왔으며, 공사가 끝난 후에는 이들을 돌려보내기 위해 고민해야 하는 진풍경도 연출된다.

한편, 이곳 음식의 대표 격인 '수원왕갈비'의 출발도 정조의 행행에 따른 시혜 조치와 맥이 닿아 있다. 예부터 우리 민족은 소와 말을 함부로 잡는 것을 금기시했다. 농경사회에서 소는 주요 생산수단이었고, 말 또한 전쟁물자로서의 성격이 강한 탓이었다. 나라에서도 금살도감禁殺都監이라는 관청까지 두어가며 이를 규제했는데, 정조는 수원 지역에 한해 이를 상당 부분 허용하는 조치를 내린다.

화성 축성·신도시 건설·둔전 개발 등에 엄청난 노동력을 제공하는 백성이 힘을 제대로 쓰려면 고기를 먹어야 한다는 발상에서 비롯되었다. 급기야는 나라에서 이곳 백성에게 송아지를 분양해주고 어미 소가 되어 낳는 새끼를 돌려받는 방식이 도입되었다. 자연스레 우시장이

100여 년 전 수원 우시장의 모습이다. 정조가 기존 관념의 틀에서 벗어나 혁신적 조치를 단행하지 않았던들 '왕갈비의 고장'이라는 명성은 생겨나지 않았을지 모른다. '천하에 어미 없는 자식 없고, 파괴 없는 유신 없다.'(한용운 《불교유신론》)

활성화되고 소고기 식용도 성행하는데, 주로 육체노동을 하는 그들이 먹는 형태는 지금과 달리 도끼로 큼직큼직하게 잘라내 양손으로 붙들고 우적우적 씹던 왕갈비가 된다. 이것이 해방 이후 육식 마니아인 몇몇 정치인을 통해 알려지면서 오늘날과 같은 지명도를 갖게 되었다.

이처럼 수원왕갈비가 정조의 애민의식 속에서 탄생한 음식이라는 면에서, 잘 알려진 강릉 초당 순두부나 중국 동파육의 내력과도 유사하다. 초당 순두부는 400여 년 전 삼척 부사로 있던 문신이자 허난설헌과 허균의 아버지인 허엽이 백성의 배고픔을 채우기 위해 바닷물 간수로 두부를 만들어 보급하도록 한 것이 시작이었다는 설화가 내려온다.

한편 동파육 탄생은 당송 팔대가의 한 명인 소동파가 항주의 관리로 밀려나 있던 중 발생한 엄청난 홍수 피해를 사력을 다해 막은 데서 비롯된다. 백성이 너도나도 감사의 표시로 소동파가 좋아하는 돼지고기를 보내왔는데, 평소 갖고 있던 음식 솜씨를 발휘해 새로운 요리를 만들어 배고픈 백성에게 돌려줬다는 사연을 갖고 있다. 동파육이 되돌아온 고기라는 뜻의 회증육回贈肉으로 불리는 연유도 여기에 있다.

정조의 발길이 잦다 보니 이러저러한 야설도 현실감 있게 전해오는데, 꽤나 흥미롭고 그 갈래도 여럿이다. 우선, 앞서 소개된 김이수의 경우가 그렇다. 오늘날 신안군에 살고 있는 후손들은 그를 '낭청조선 시대에, 정오품 통덕랑 이하의 당하관을 통틀어 이르던 말 할아버지'라고 부르며, 그의 묘비에도 그렇게 씌어 있다. 정조와의 만남이 인연이 되어 말단이긴 하지만 평민 출신으로 벼슬길에 나아갔음을 시사하고 있다. 다른 이야기들은 나라님에 대한 충성을 강조하는 내용이 주류를 이루고 있으며, 그 의미를 살펴보면 당시 사람들의 충효 사상과 사도 세자에 대한 안타까움도 짙게 배어 있다.

정조가 화성에서 만난 어느 농부의 사연이다. 사도 세자의 묘로 미복잠행을 나간 정조가 밭일하던 촌부에게 "저게 누구 묘인가?"라고 묻자, 그것도 모르느냐는 식으로 핀잔을 주더니 "뒤주대왕 애기능"이라고 답하며 사도 세자에 대한 애틋한 마음을 표한다. 고마운 마음에 말을 섞어보니, 과거에 몇 차례 낙방한 유생이었다. 그 뒤 시행된 과거에서는 '어느 선비와 촌부의 이야기', 즉 두 사람의 만남이 시제로 나온다. 합격은 따 놓은 당상이요, 장원 급제였다.

서울과 경기도의 경계인 남태령에 얽힌 이야기도 있다. 《어우야담》 등에 실려 있는데 버전은 조금씩 다르다. 능행을 오가던 정조가 언덕에서 잠시 쉬던 중 때마침 지나는 노인에게 이 언덕 이름이 무어냐고 묻자, 노인은 잠시 멈칫하더니 한양 남쪽에서 제일 높은 언덕이라는 뜻으로 남태령이라고 둘러댄다. 이미 여우고개狐峴임을 알고 있던 임금이 "왜 거짓말하느냐"고 호통을 치자, 노인은 차마 임금께 상서롭지 못한 동물 이름을 말할 수 없어 그랬다고 답한다. 정조는 이를 가상히 여겨 주부 벼슬을 내리고 그때부터 고개는 남태령으로 불리게 된다.

비가 억수같이 내리던 어느 날이었다. 정조는 수원에 모신 아버지 사도 세자의 현륭원을 걱정하다가, 그 시간 능참봉은 술 퍼먹고 잠이나 자고 있을 것이라는 생각에 미치자 울화가 치민다. 부랴부랴 능행에 나서 현장에 다다르니, 참봉이 장대비 속에서도 능 앞에 엎드려 있었다. 이에 감동한 정조는 그 자리에서 일약 한성 판윤 벼슬을 내린다. 사실은 이 능참봉의 전날 밤 꿈에 신령으로부터 "내일은 사도 세자 능에서 잠시도 떠나지 말라"는 계시를 받은 것이었다.

오늘날 수원과 화성 지역은 온통 정조의 발길이 분주했던 역사의 향기로 덮여 있다. 융건릉에 들러 사도 세자 부자의 애틋한 정을 몸으로 느끼고, 원찰이었던 용주사에서 고즈넉한 그들의 숨결을 들은 후,

만석거는 정조 시절, 농사 지원 및 가뭄 구휼 등을 위해 축조된 대형 저수지로 2017년 '세계 관개시설물 유산'에 등재되었다. 오늘날에도 수원의 용수원 역할을 하고 있으며, 빼어난 주변 경관으로 인해 시민들의 대표적인 휴식공원으로 자리 잡았다.

수많은 선열의 피와 땀이 배어 있는 화성을 살피는 일은 특별한 감동이다. 어디 그뿐이랴. 정조 시절 백성을 살찌게 하기 위해 대형 저수지를 만들어 만석의 쌀을 거두었다는 '만석거萬石渠' 또한 큰 울림이다.

　세월의 흔적이 남은 고을고을을 두루 거닐면서 수원 왕갈비에 깃든 깊은 의미까지 느껴보는 것 또한 각별한 의미요, 눈과 가슴과 입을 즐겁게 하는 '과거로의 시간 여행' 콘텐츠다. 수원과 화성은 세월, 그리고 문화의 멋과 맛이 어우러진 고장이며, 이 모든 것이 230여 년 전 정조가 뿌려놓은 효성과 개혁, 애민의 결과물이다.

　행행行幸, 좋은 임금이 지나간 곳에는 행운의 꽃을 피운다.

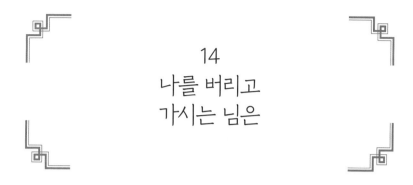

14
나를 버리고
가시는 님은

일본 가고시마현 치란에 자리한 '특공평화회관'은 내게 의문투성이 장소였다. 이름부터가 이상했을 뿐 아니라, 그 많은 관람객들이 몰리는 장소임에도 무엇이 두렵기에 내부 촬영을 엄금하는지, 단체로 온 어린 학생들에게 인솔교사는 무슨 내용의 교육을 사전에 그토록 열심히 하는지, 왜 관람을 마치고 나오는 많은 이들이 눈물을 훔치는지 등등 고개가 갸우뚱할 수밖에 없었다.

이곳은 1945년 태평양 전쟁 막바지, 자살 특공대원을 실은 전투기들이 발진하던 죽음의 시발점이었다. 잘 알려진 것처럼, 주로 10~20대였던 꽃다운 청춘들은 "천황 폐하와 대일본 제국을 위해!"라는 최면성 한마디를 남기고는 오키나와에 있는 미군 함대를 향해 다량의 폭탄과 함께 육탄 돌진했다. 그것으로 끝이었다. 사람들은 이들을 '가미카제'라고 부르면서도, 그 말의 유래에 관해서는 그다지 관심을 갖지 않았다. 사실을 알고 보면 이 말에는 최소한의 인간 지성과 문명이 말살된 채 그토록 무모할 수 있었던 집단 광기와 음모의 복선이 깔려 있다.

고려 후기, 당시 패권국 몽고와 고려는 합동으로 '여·몽 연합군'이라는 대 군단을 꾸려 1274년과 1279년 두 차례에 걸쳐 일본 정벌에 나서 북규슈 연안에 상륙을 시도했다. 하지만 때마침 불어온 강력한 태풍으로 모두 실패했다. 일본 입장에서는 역사상 최초의 외세 침략을 보기 좋게 물리친 결과가 되자, 이는 일본을 수호하려는 신의 뜻이요, 그 강풍 또한 신의 바람이라는 의미를 담은 '가미카제神風'라고 하면서 이 말이 유래되었다.

결국 이런 역사적 사실을 배경 삼아 태평양 전쟁에서도 일본은 신이 지켜주는 나라이기에 패배란 있을 수 없을 뿐 아니라, 설령 누군가가 전사한다고 해도 그는 신에 의해 구원받는다는 주술적 메시지를 보내고 있었던 것이다. 회관을 막 들어서자마자 천사가 죽은 병사들을 가슴에 안고 하늘로 오르는 내용을 담은 대형 그림 한 점이 정면에 떡하니 걸려 있어 섬뜩한 느낌으로 다가온다.

회관의 이름에는 '특공特攻'과 '평화'라는 상호 모순된 단어가 복합되어 있다. 이른바 '용어 혼란 전술'이다. 특공이면 특공이고, 평화면 평화이지 '특공평화'라니, 본질을 호도하려는 수법에 불과하기 때문이다. 이와 관련해 참으로 궁금했던 또 하나의 장면은 단체 관람을 온 학생들에게 교사가 사전 교육을 하는 광경이었다. 경청하는 학생들의 모습이 무척이나 심각해 보였다. 차마 확인은 못 했지만 과연 그 내용이 다시는 이런 전쟁이 있으면 안 된다는 것이었는지, 만약 전쟁이 나면 너희도 선배들처럼 조국을 위해 목숨을 바쳐야 한다는 것이었는지 지금도 자못 궁금하다.

회관 내부에는 4,000명이 넘는 가미카제 특공대원들의 명단은 물론이요, 그들의 유품과 유서, 심지어 출정을 앞두고 미소를 짓고 있는 사진까지, 죽음의 자료들이 빼곡하다. 이곳을 채운 대원 중에 조선인도 눈에 띈다. 그 인원이 십수 명으로, 정확한 숫자는 모른다. 나이 지긋한 일본인들은 관람을 마치고 나오면서 눈시울을 붉힌다. 자식을 키우는 입장이기에 불과 수십 년 전 생때같은 목숨들을 태평양 한가운데 수장시킨 제국주의의 처사를 원망하는 심사에서 비롯된 것이라 믿고 싶다.

건물 밖으로 나오니 공원으로 조성된 넓은 터에 온갖 추모비와 탑과 석등이 을씨년스럽다. 이 중 한 편에 자리한 커다란 화강암 비석 하나가 눈에 들어왔다. '치란 아리랑 비'다. 주인공은 조선인 탁경현 대위로, 당시 스물다섯 살이었다. 해방되던 해인 1945년 5월 22일 죽음의 비행을 감행하기 전날, 평소 어머니처럼 여기던 단골식당 여주인 앞에서 눈물을 흘리며 '아리랑'을 부르는 것으로 자신의 심경을 대신했다고 전한다.

아리랑 노랫소리 저 멀리 들려오고 / 어머니의 나라를 그리워하며 / 하염없이 떨어지는 꽃잎, 꽃잎들….

경남 사천에서 태어난 그는 다섯 살 무렵, 살길을 찾아 나선 아버지를 따라 일본으로 건너가 약학전문학교까지 마친 재원이었다. 전사 후에는 '군신軍神' 무리에 끼어 야스쿠니 신사에 위패가 안치되었다. 10여 년 전, 한 일본 여배우가 탁경현의 고향인 사천에 추모비를 설치하려다 논란 끝에 실패하고, 현재는 경기도 용인의 한 사찰에 옮겨져 어렵사리 '귀향기원비'로 자리하고 있으나, 적정성에 대한 논란은 여전하다.

아리랑은 우리 민족의 대표 민요다. 그 갈래가 많기로 으뜸이요, 거기에 깃든 사연 또한 타의 추종을 불허한다. 구전되어 오는 가사는 문경에서 최근까지 공식 채록한 기록에 의하면 총 1만 68수인데, 이와는 별도로 〈정선 아리랑〉의 가사만 해도 5,503수라는 통계를 고려하면, 줄잡아 2만여 수에 육박하지 않을까 싶다. 아무튼, 국내 전역은 물론 해외 동포들이 살고 있는 지구촌 곳곳에는 예외 없이 나름의 노래가 자리하고 또 새로이 탄생하고 있다고 해도 과언이 아니다. 특별한 것은 이 아리랑의 멜로디가 30여 년 전부터는 미국과 캐나다의 교회에서도 찬송가로 불리고 있다는 점이다. 이처럼 되는 데 견인차 역할을 했던 미국 미시간에 있는 캘빈 대학교의 버트 폴만 음악학 교수는 아리랑의 아름다운 멜로디가 국적을 불문하고 많은 이들의 심금을 울렸기 때문이라고 평가한다.

"당시 찬송가 편찬위원회는 서로 전혀 모르는 사람들이었습니다. 미국과 캐나다 전역에서 모인 열두 명의 위원 등으로 구성되어 있었지요. 저는 아리랑 곡조를 찬송가에 포함시키고 싶다고 하고, 가사도 준비해 갔어요. 투표에 부쳤더니 다들 찬성했죠. 그래서 아리랑이 미국과 캐나다 찬송가에 실리게 된 겁니다."

지난 2002년 아리랑이 세계 취주악대회에서 1위를 했다. 수상자는 한국이 아닌, 일본의 한 고등학교 교향악단이다. 그 학교 음악교사인 이시다 슈이치가 학생들을 스파르타식으로 훈련시킨 결과였다. 그는 10여 년간 한국 여행을 하면서 처음 아리랑을 들었을 때는 "영혼이 빨려드는 느낌을 받았다"며, 그 후 학생들에게 이를 집중 지도함으로써 국내 대회를 휩쓸었고, 급기야 세계대회도 석권하게 되었다고 증언한다. 2012년에는 우리나라 아리랑이 유네스코 인류무형문화유산에 등재되었다. 이는 중국이 먼저 조선족 아리랑을 자국 문화유산으로 전격 지정한 데서 자극받은 측면이 강하며, 문화적 자산에 대한 우리의 인식을 돌아보는 계기가 되었다.

아리랑의 어원과 유래 시기에 관해서는 노래의 다채로운 종류와 가사의 수만큼이나 견해가 많고 다양하다. 신라 박혁거세 부인의 이름인 '알영'에서 차용했다느니, 고려의 충신들이 망국 후 자신들의 심경을 담은 한시를 지어 부른 데서 시작되었다느니, 조선의 흥선대원군 치세 때 경복궁 중수에 동원된 부역꾼들의 불만이나 당백전 발행에 대한 원성이 섞여 터져 나오던 시절, "나는 임과 이별한다我離郎" 또는 "차라리 내 귀를 먹게 하겠다我耳聾"는 말에서 비롯되었다는 등…. 여기에, 순결을 지키려다 죽은 '아랑'의 전설이 등장하고, 어느 지역에나 있는 '긴 고개'를 의미하는 '아리령'에서 나왔다는 설까지 보태져 종잡을 수가 없다.

다만, 아리랑의 전파와 붐이 조성된 경위에 대해서는 비교적 공감대를 형성하는 듯하다. 우선, 태백산맥 일대를 중심으로 불려오던 구전가요가 전국으로 알음알음 확산되었다. 이어, 경복궁을 중수하던 시기에 전국 각지에서 모인 노동자들 간에 아리랑에 신세타령 및 고달픔을 실어 급속히 퍼져나갔는데, 이 노래를 좋아했던 고종과 명성황후 귀에도 들어가 따로 불러 듣기도 했다고 전한다. 급기야 20세기 초에는 당시 한반도를 둘러싼 열강들의 각축전에서 결국 일본이 조선을 집어먹을 것이라는 참언讖言이 아리랑의 형태로 구전되어 〈아미일영가娥米日英歌〉라 불렸는데, 이를 음미해보면 민초들의 예지력과 아리랑의 신통력에 놀랄 뿐이다.

아라사(소련) 아차 하니 미국은 밀고 온다 / 일본이 일등이다 영국은 영 글렀다 / 아리랑 아리랑 아라리요 / 아리랑 고개로 넘어간다

일제강점기에 들어서는 은연중에 한국인의 민족의식을 고취하고 일본에 대한 저항정신을 키우던 나운규의 영화 〈아리랑〉이 1926년부터 무려 2년 6개월이나 상영되어 공전의 히트를 함으로써 나라를 빼앗긴 조선인들의 설움과 정서를 하나로 묶는 '민족의 노래'로 각인된다. 이때 영화의 주제곡으로 불리면서 많은 사람들의 뇌리에 자리하게 된 것이 〈서울·경기 아리랑〉의 약간 변형된 가사와 곡조였다. 이것이 정선·밀양·진도의 3대 아리랑보다 훨씬 늦게 나왔음에도 오늘날까지 아리랑의 대표곡으로 애창되고, 해외에서도 지명도가 가장 높은 이유다.

아리랑 아리랑 아라리요, 아리랑 고개로 넘어간다.
나를 버리고 가시는 님은 십리도 못가서 발병난다.
청천 하늘엔 잔별도 많고 우리네 가슴엔 수심도 많다.
풍년이 온다네 풍년이 와요, 이 강산 삼천리 풍년이 와요.
문전의 옥답은 다 어디로 가고, 쪽박의 신세가 웬 말이냐.
아리랑 아리랑 아라리요, 아리랑 고개로 넘어간다.

대다수 아리랑들이 그렇듯이, 〈경기 아리랑〉에도 독특한 설화가 깃

당시 〈아리랑〉 영화 포스터와 개봉 극장 단성사 모습. 각본·주연·연출·주제가를 맡았던 나운규는 〈조선영화〉 창간호(1936년 11월)에서 다음과 같이 말했다. "영화인은 언제나 민중보다 일 보만 앞서서 기를 흔들어야 한다. 백 리 밖에서 흔들어보았자 보일 리 없다."

들어 있다. 옛날 경기도 어느 곳에 살았다는 노비들의 사랑 이야기로 남자는 '리랑', 여자는 '성부'다. 주인인 김 판서가 고리대금 등으로 배를 불려오던 중 백성의 원성을 사 맞아 죽는다. 폭도들 역시 토벌군에 의해 전멸하고 둘만 가까스로 살아남아 의정부 수락산에 숨어들어 부부가 된다. 어느 날 백성이 다시 봉기하자, 리랑도 "100일 후 돌아오겠다"고 약속한 후 이에 가담하러 떠난다. 혼자 남은 성부에게 산마을 부자인 백가가 찾아와 집요하게 구애와 위협을 한다.

이 핑계 저 핑계를 대가며 버티던 중 약속한 100일이 되었다. 그날 백가의 성화는 극에 달해 안방을 차지한 채 버티고 있었다. 성부는 제사만 끝내고 청을 들어주겠다고 둘러대고는 부엌에서 시간을 끈다. 야심한 시각에 제상을 차려 가던 중 리랑이 돌아와 둘이 함께 있는 것을 목격하고는 백가를 처단한다. 차마 성부까지 죽일 수는 없었다. "성부야, 나는 간다. 나는 간다"는 말을 남기고 떠나고, 성부는 리랑의 이름을 부르며 산속을 찾아 헤매다 비참하게 죽어갔다. 사람들은 리랑을 목 놓아 부르던 메아리가 '아~리랑, 아~리랑'으로 들려왔다고 전한다.

북한은 수만 명을 동원하는 형태의 대규모 '아리랑축전'을 2002년부터 약 10년간 열어왔다. 이는 단순히 아리랑만의 공연이 아니며, 북한식 종합 예술제의 형태를 띠고 해외 관광객 유치를 위한 수단으로 활용되기도 했다. 이때 홍보하는 아리랑의 어원에 대해 '내 낭군과 헤어진다'는 의미의 아리랑我離朗으로 통일되게 해석하고 있다. 거기에 담긴 전설에서 제시하는 내용을 보면, 앞의 〈경기 아리랑〉의 줄거리와 닮은 점이 많다. 다만, 우리의 경우는 그저 애달픈 남녀의 사랑과 이별을 다루고 있지만, 북한은 여기서 김 판서를 대신한 김 좌수라는 지주를 등장시켜 착취계급에 대한 타도 의식을 고취하거나, 개인적인 사랑 타령보다는 혁명이라는 대의에 동참하는 것이 더 중요하다는 등 사회주의적 콘텐츠를 강조하는 점이 우리와 다르다.

이러한 남북의 입장 차이를 넘어, 종래에 구전으로만 내려오던 〈아리랑〉과 〈군밤 타령〉을 서양음계로 만든 이는 대한제국 시절 20여 년간을 국내의 역사·문화·교육·외교·언론 분야에서 전방위로 활동을 펼치던 미국인 선교사 호머 헐버트Homer B. Hulbert다. 그는 〈한국의 소리음악〉이라는 논문에서 "한국인들은 즉흥곡의 명수로, 그들이 노래

"1886년 한국에 온 헐버트는 우리 소리에 남다른 관심을 기울여 구전으로 전해지던 아리랑 가락을 서양식 음계로 채보해 우리 음악사의 새로운 지평을 열었기에 제1회 '서울 아리랑 상' 수상자로 합의해 추대했다."(2015년 9월, 조직위원회)

를 하면 영국의 바이런이나 워즈워스 같은 시인이 된다"면서 '아리랑은 한국인에게 쌀과 같은 존재'라고 설파한다. 구구절절 설명이 필요 없는 촌철살인이다.

스물세 살에 육영공원 교사로 조선에 들어온 이래, 순한글 교재인 《사민필지》를 만들어 우리나라 근대 교육의 초석을 놓는가 하면, 을미사변으로 명성 황후가 피살된 뒤에는 고종을 살해 위협으로부터 지키기 위해 불침번까지 섰던 최측근이었고, 고종의 밀서를 갖고 미국 대통령 단독 면담을 시도하거나 헤이그 만국평화회의에 밀사 파견을 건의하면서 자신도 참여하던 독립운동가이기도 했다. 당연히 일본 측에는 눈엣가시로 여겨져 국권 피탈 직전인 1907년 결국 미국으로 추방된다.

헐버트와 관련해 빠뜨릴 수 없는 특별한 미스터리가 오늘날까지 전해온다. 대한제국 황실이 가지고 있었다는 거액의 비자금에 관한 행방이다. 고종 황제는 1909년 자신의 외교 고문이자 가장 신뢰하던 헐버트에게 중국 상하이에 위치한 독일계 덕화은행에 예치해놓은 내탕금을 미국으로 옮기라고 명한다. 그 액수가 총 51만 마르크였으니, 현재 가치로 250억 원에 달하는 통치자금이요, 연리 10%를 적용할 경우 2조 원 정도에 달하는 막대한 금액이다.

그러나 헐버트가 현지에 도착해서 은행 측으로부터 들은 이야기는 "이미 다른 사람이 찾아갔다"는 말뿐이었고, 백방으로 수소문해보았지만 허탕이었다. 전문가들은 일제 통감부가 향후 독립운동 자금으로 쓰려는 고종의 계획을 간파하고는, 국내 친일파 인사들과 함께 서류를 위조해서 헐버트보다 한발 먼저 인출해 간 것으로 판단하고 있다.

엄혹하던 일제강점기, 수많은 국내 명망가들이 속속 일제의 협박과 회유에 넘어가던 상황에서도 그는 서재필·이승만 등을 지원하거나 해외 언론 및 순회강연을 통해 일본의 한국 강점을 규탄해온 진정한 벽안의 독립투사였다.

해방이 되고 나서 수년 후인 1949년 정부의 초청을 받은 헐버트는 86세의 노구를 끌고 광복절 행사 참석차 입국했다가 노환과 여독으로 급서한다. 평소 "웨스트민스터 사원보다 한국 땅에 묻히고 싶다"고 했던 유언에 따라 현재는 양화진의 외국인선교사묘원에 잠들어 있으며, 그가 사망한 직후 대한민국 정부는 외국인 최초로 건국공로훈장 태극장을 추서했다.

민족의 영웅인 안중근 의사는 그를 가리켜 "한민족 사람들이라면 하루도 잊어서는 안 될 인물"이라고 말했다. 그가 한국 사랑에 대한 애틋한 마음을 고백한 어록을 보면, 진한 감동과 더불어 스스로를 모르고 있던 우리의 부끄러운 자화상을 돌아보게 된다. 헐버트, 그는 한국인보다 더 한국을 사랑한 사람이었다.

> 한국인들에 대한 사랑은 내 인생에서 가장 소중한 가치이며, 결과가 어찌 될지라도 나의 그러한 행동은 아주 값진 일이라고 생각한다.
>
> 조선의 언문이 중국 글자에 비해 널리 보고 알기 쉬운 글자임에도, 그 요긴함을 모른 채 오히려 업신여기고 있으니 어찌 안타깝지 않으리요.
>
> 지금은 대한제국이 역사의 종말을 고하고 있는 듯하지만 장차 민족의 정기가 어둠에서 되살아나 그것이 죽음 자체가 아니었음을 증명하게 될 대한제국 국민들께 이 책《대한제국 멸망사》를 바칩니다.

극심한 노동에 시달리던 부역꾼들의 원망에서, 식민지인으로서의 애환과 설움에서, 조국의 하늘을 애타게 그리워하며 독립운동을 하던 이국땅에서 울려 나오던 아리랑이 이제는 세계인의 축제인 올림픽 현장과 지구촌의 교회와 한인사회의 결속 마당을 채우는 글로벌 아이

콘으로 자리해 있음을 본다. '은근과 끈기'가 한국인의 고유 정서라는 명제를 반영하고 있는 아리랑은 한민족의 유전자 그 자체다.

가장 한국적인 것, 그것이 가장 세계적이다.

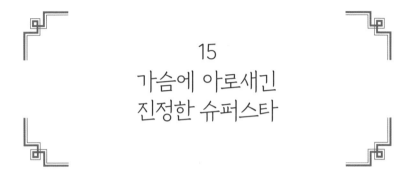

15
가슴에 아로새긴
진정한 슈퍼스타

시골 사당패에서 공길은 뛰어난 미색을 갖춘 여장 남자다. 독특한 취향을 가진 양반들은 놀이마당을 핑계로 공길을 끌어들여 잠자리를 같이하고, 그 덕택으로 동료들은 주린 배를 채운다. 이러한 상황을 안타까워하던 장생은 공길을 데리고 도주한다. 공길의 사당패 선배였는데, 동료애와 함께 묘한 연모의 마음도 있는 듯하다. 한양으로 올라와 새로운 사당패를 꾸려 연산군과 장녹수를 빗댄 공연을 하다가 의금부에 끌려간다.

취조를 받던 중 장생이 "왕을 웃기면 죄가 아니지 않느냐"는 제안을 해서 일단 처형을 모면하고, 급기야 궁궐 연회에서 공연하게 되지만 임금 앞이라 모두 얼어붙는다. 낭패를 보려던 찰나, 공길이 나서 연산을 웃기는 재치를 발휘하고 이때부터 사당패는 궁궐의 전속 공연단이 된다. 임금은 공길을 총애해 침실에서 같이 지내며 종사품의 관직까지 내린다.

연산이 잠든 공길에게 입을 맞추는가 하면, 공길도 임금의 외로움에 연민이 싹트는 분위기다. 연산은 생모가 사약을 받던 장면이나, 탐관오리들의 작폐를 묘사하는 놀이마당을 보고 궁내에 피바람을 일으킨다. 결국 장녹수와 대신들의 계략에 걸려 죽기 일보 직전에 중종반정이 일어나고, 그 와중에 궁을 탈출하지만 공길은 어쩐지 홀로 남겨진 연산이 마음에 걸린다. 사당패들은 이러한 사정은 아랑곳하지 않고 자유를 찾은 기쁨에 환호성을 지를 뿐이다.

십수 년 전 선풍적인 인기를 끌고 당시 대통령까지 관람한 후 촌평했던 사극 영화 〈왕의 남자〉 줄거리다. 이 영화는 연산군 통치의 시대상황과 당대 사당패의 생활 모습 등을 담은 팩션이다. 그런데 마치 이영화가 소재로 삼았을 만한 내용이 사실에 근거해 전해온다. 조선조후기에 있었던 경기도 안성의 '바우덕이' 이야기다. 당시 남정네 중심으로 구성된 남사당男寺黨패의 우두머리, 즉 꼭두쇠였는데 놀랍게도 열다섯 살 소녀였다.

물론 영화의 내용과 비교해보면, 우선 시대가 조선 전기와 후기로약 400년의 차이가 있는 데다, 주인공이 남장 여자와 진짜 여자였던점은 판이하다. 그러나 당시 천하디천한 취급을 받던 사당패가 궁에서 공연하고 벼슬까지 하사받는 장면 등은 사실과 아주 유사하다는 생각이다.

사당패란 옛 시절, 이곳저곳을 유랑하며 농악·대접 돌리기·땅재주실판·줄타기어름·탈춤·꼭두각시놀음 등 각종 기예를 선보이고, 여기서 벌어들인 돈이나 식료품으로 생활하던 일종의 대중 예능 단체다. 이런 유랑집단의 기원에 대해, 혹자는 삼국 시대의 춤추는 무희 벽화·인형놀이 또는 기녀와 무당의 활동 등에서 찾기도 하나, 대체로는 조선조에 들어와서부터다. 초기에는 자신들이 다니는 사찰에서 불경을 펴내거나 법당 또는 범종을 중수하는 등 특별한 계기가 있을 때마다 가무를 통해 신도를 끌어들이는 분위기 조성과 불사를 지원할 시주 돈을 마련하기 위해 활동하던 불교 음악단으로서의 성격이 강했다. 그 좋은 예가 세조 시절, 지금의 서울 탑골공원에 자리했던 원각사 중건 때 남녀 신도들이 필요한 자금을 모으기 위해 여러 예능 행사에 자발적으로 나섰던 일이다.

시간이 흐르면서 사당패는 절을 돕는 일은 점차 뒷전이요, 재물을 모으는 데 더 열중하게 되었다. 민가까지 찾아다니며 가무희歌舞戲, 즉 노래와 춤과 놀이로 돈벌이를 하는 40~50명 단위의 유랑 연예집단으로 변질되어 간 것이다. 그 형태도 '사당'이라는 여인들이 주로 공연하고, '거사'로 불리던 남성들이 사당들을 목말 태워 이동하는 남녀혼성 팀이 주류였다. 이렇다 보니, 겉으로는 여성 중심의 조직으로 비추어지고, 이름도 사당패로 불렸다. 여기의 사당이란 용어에 관한 견해도 다양하다.

대체로는 '국사당國社堂'의 예처럼 무당이라는 뉘앙스의 사당社堂과 사찰과의 관련성을 나타내는 사당寺黨이 주를 이루었다. 그러나 사당패의 이러한 외양과는 달리, 내적으로는 모갑某甲 또는 화주化主로 불리는 남성 우두머리가 전체 조직을 관리하고, 그 밑에 거사들이 포진해 있었다.

이들은 여인인 사당들과 짝을 맺고 사실상 부부로 살아가면서 돈을 챙기는 기둥서방으로, 필요할 경우에 여인들은 반공개적으로 매춘을 하고 다녔는데 이것이 그들의 영업이었다. 특히 흥미로운 것은 이른바 '키스머니'다. 공연이 끝날 즈음, 관람자가 입에다 돈을 물고 "돈 돈!" 외치면 사당이 가서 입으로 받는다. 이는 동침을 의미하는 것이었고 결국 그날 밤 둘은 잠자리를 같이하게 되는데, 이때 매음으로 받는 돈을 화채花債 또는 '옷을 벗는 대가'라는 의미로 해의채解衣債라고 했다.

사당패가 본격적으로 성행한 것은 조선 후기다. 특히 임진왜란을 겪으면서 농지가 3분의 1 수준으로 줄어드는 등 국토가 초토화되어 민초들의 생활이 급격히 피폐해지고 유리걸식하는 부랑아도 줄줄이 나타났는데, 이들이 사람들로부터 냉대와 기피를 받는 것은 당연한 일이었다. 결국 유랑인들 상당수는 민가에서 멀리 떨어진 사찰 주변으로 몰려든다. 절에서는 법회와 같은 대형 행사 준비 등 온갖 허드렛일을 하면서 틈틈이 기예를 익혀 공연단을 조직한 후 각지를 돌며 돈벌이 공연에 나선다.

사찰 수륙재(水陸齋) 때 걸리는 감로탱(甘露幀)에 예인들의 모습이 등장한다. 대부분 정처 없이 유랑하는 천민들이다. 사는 동안 대중들에게 즐거움을 주지만, 죽어서는 아무도 거두지 않는 처지이기에 이 고혼(孤魂)들을 천도한다는 의미도 갖고 있다.

이들은 자신들이 머무는 특정 사찰의 신표(信標)를 내보여 공연 장소를 제공받는가 하면, 공연 후에는 불사자금을 마련한다며 절에서 가져온 부적을 팔기도 했다. 이렇게 해서 벌어들인 수입의 상당액을 시주하기도 했으니, 이들과 사찰과는 사실상 상부상조의 성격이 강했다. 이것이 현재 여러 사찰의 '감로탱'이라는 불화(佛畵)에 사당패 모습이 그려져 있거나 더러는 시주 명단에도 포함되어 있는 연유로 보인다.

임진왜란과 병자호란의 소용돌이를 지나 사회가 점차 안정을 되찾아가고, 특히 농업 생산력 증진과 함께 수공업 활성화·화폐경제 확대 등의 붐을 타고 전국에 시장이 1,000여 개까지 늘어나면서 사당패들의 활동 여건도 한층 좋아졌다. 육지의 장터와 바닷가 파시(波市), 그리고 대동제와 같은 마을 행사가 열리는 곳이 그들의 주요 공연무대였기 때문이다. 그러나 권력자들이 사당패에 대해 미풍양속을 어지럽히고 사회적 불만을 쏟아내는 불순세력 취급하면서, 사당패는 조선조 내내 단속과 규제의 대상이 되었다. 이러한 의식은 실학의 집대성자로 가장 개방적인 마인드를 가졌던 다산 정약용조차 《목민심서》에서 '조창 포구에 잡스러운 천민 부류의 출입을 엄금해야 한다'고 강조하는 걸 보면 잘 알수 있다.

> 10여 년 전부터 인심이 흐려지고 사설邪說이 횡행해도 금해 검칙하지
> 못하니, 어리석은 백성이 미혹되어 남자는 '거사'가 되고 여자는 '사당'
> 이라 칭하며 본분의 일은 뒷전인 채 승복을 걸치고 걸식하며 서로를
> 유인하는 무리들이 번성하고 있습니다. 그런데도 주현에서 금단하지
> 않으므로 평민의 절반이 떠돌아다녀 도로에 줄을 잇고 산골짜기에
> 가득 차며 혹 자기끼리 모이면 천백의 무리를 이루니 보기에 놀랍습
> 니다.《선조실록》 1607년 5월 4일

그러나 사당패에 대한 백성의 시각은 지배층과는 전혀 달랐다. 변
변한 놀이 문화조차 없고, 특별히 여가를 즐길만한 형편도 안 되는 상
황에서 시키지 않아도 스스로 찾아와 기상천외한 볼거리를 제공하는
이들이 환영을 받는 것은 당연한 일이었다. 조선 말기인 20세기 초,
전남 완도의 한 마을 동계洞契: 동네의 일을 위하여 동네 사람이 모으는 계 시 여섯 번씩
이나 사당패를 불러 놀이공연을 했다는 기록은 그만큼 마을 사람들
의 반응이 좋았음을 증명한다. 일찍이 네덜란드의 역사가인 호이징아
Johan Huizinga가《유희의 인간Homo Ludens》에서 설파한 내용이다.
놀이는 문화의 한 요소가 아니라, 문화 자체가 놀이의 성격을 갖고
있다. '생각하는 것Homo sapiens'과 '만드는 것Homo faber'만큼이나 중요
한 제3의 기능이 있으니 그것은 '놀이하는 것'이며, 이는 인간이나 동

물에게 동일하게 적용되는 것이다.

앞서 살펴본 대로 여성이 중심을 이루었던 사당과는 달리 남성 위주로 구성된 남사당패의 원조이자 출발을 이룬 곳은 안성의 청룡사였다. 이처럼 남자들만의 새로운 형태가 태동한 것은 비천한 취급을 받는 유랑집단에 대한 여성들의 기피 심리가 확산하는 데다, 이들이 고난도의 기예를 습득하는 일 또한 갈수록 어려워졌기 때문이었다. 이로 인해 적잖은 고민들이 야기되었는데, 대표적인 것은 역시 여성 역할의 인력이 없다는 점이었다. 남자를 여자의 모습으로 둔갑시키는 '여장남자女裝男子'의 등장은 그런 고육지책의 결과였다. 또 하나는 장기간 유랑에 따른 성적인 문제의 해결이었다. 이것 역시 여성 역할을 할 상대를 만들어가는 것 외에는 뾰족한 수단이 없었다. 여기서 동성애를 둘러싼 논란이 발생한다.

남사당패는 엄격한 지휘체계를 갖춘 40~50명 선의 남성 독신자 그룹이었다. 이들은 꼭두쇠를 정점으로 공연장 물색 등을 다루는 영업부장 격의 곰방쇠를 한두 명 두었다. 그 밑에 분야별 기예를 다루는 조장인 뜬쇠들이 있고, 다시 기능 보유자인 가열과 신출내기인 삐리로 이루어진다. 삐리들은 곱상하고 어린 소년이 대부분으로 공연에서뿐만 아니라 실제 생활에서도 여성의 역할을 대신했는데, 쓸 만한 삐리를 확보하기 위한 조직 간의 쟁탈전도 치열했다. 막상 공연할 때는 여장한 이들의 외모가 흥행과 직결될 수도 있었기 때문이다. 남사당패 안에서는 이들을 암동모라고 했고 가열 이상의 구성원들에 대해서는 숫동모라는 은어를 사용했는데, 다분히 이들 간의 동성애를 은유하는 표현이다.

동성애는 사실 동서고금을 관통하는 역사성을 갖고 있는데, '남총'이나 '용양' 등 동성애를 지칭하는 보통명사들도 그 역사 속 사연에서 나왔으나 여전히 많은 사람들에게 터부시되는 주제인 것이 사실이다. 우선, 중국의 경우 동성애를 묘사하는 고사들이 즐비하다.

춘추 시대 '안릉'이라는 미소년은 '임금이 지극히 사랑하는 남자'라는 뜻의 남총男寵이라 불렸고, 전국 시대 위왕이 총애하던 용양龍陽은 오늘날까지 동성애의 대명사로 이해되고 있다. 3세기 진나라 시절, 이른바 죽림칠현의 리더였던 완적은 〈영회시〉에서 그들에 대해 다음과 같이 읊고 있다.

> 옛 시절 빼어난 용모를 지녔던/ 안릉군과 용양군은 … 곁눈질과 예쁜 자태로 아양을 떨고/ 담소 중엔 꽃다운 향기를 뿜어내었지/ 임금과 손잡고 서로 사랑을 나누며/ 밤이 되면 잠자리를 함께했다네

《한비자》에 전하는 전국 시대 '여도지죄'의 일화는 '사랑을 받던 것이 나중에 도리어 화가 되어 돌아온다'는 교훈적인 이야기다. 기원전 3세기 위나라에 살던 미자하라는 소년은 뛰어난 외모 덕에 자신이 먹던 복숭아를 감히 임금에게 줄 수 있을 정도로 총애를 받았으나, 이내 임금의 사랑이 식어 처형된다는 내용이다. 이에 따라, 중국인들은

남은 복숭아라는 뜻의 '여도餘桃' 또한 동성애란 뜻으로 여긴다.

한편, 전한의 애제가 자신의 팔 안에서 곤히 잠들어 있는 동현董賢이란 미소년이 깰까 봐 소매를 자르고 나갔다는 '단수지폐斷袖之嬖'는 비교적 낭만적인 동성애의 별칭으로 쓰이기도 한다. 이에 대해 반고가 쓴 《한서》에서는 '임금이 동현을 깨우지 않으려고 자신의 옷자락까지 잘랐으니, 그를 사랑함이 이토록 지극했다'고 묘사하고 있다.

우리 역사에서도 동성애에 관한 기록은 심심치 않게 찾아볼 수 있다. 그 첫 번째 사례는 신라의 혜공왕이라는 주장이 있다. 《삼국유사》는 이에 대해 '그는 여자처럼 행동하고 여성의 옷 입기를 즐겼는데 남자 몸을 빌려 태어난 왕인 만큼 나라에 불길하다 해서 죽였다'고 기록하고 있다. 또한 일부 향가의 내용을 분석해볼 때, 화랑들 간에도 동성애가 이루어졌다는 주장이 제기된다. 고려의 공민왕이 노국 공주 사망 후 자제위라는 미소년들을 끌어들여 변태적인 관음증과 동성애에 탐닉했다는 것은 널리 알려진 이야기로, 일부 대중 매체에서 소개되기도 했다. 조선조에서도 이러한 종류의 기록은 줄을 잇는다. 박지원의 《열하일기》에는 '청나라 상인들과 미소년들은 동성애를 사고판다'고 하고 있으며, 홍명희의 소설 《임꺽정》에서도 '머슴들 사이에 남색이 성행한다'는 대목이 나온다. 그러나 뭐니 뭐니 해도 이 문제로 조선 왕실이 발칵 뒤집어진 일은 역시 세종의 세자빈에 대한 기록이다. 문종이 자신을 돌보지 않는 데 분개해 7년이나 궁녀들과 동성연애를 하다가 소헌 왕후에게 발각된 사건이다.

소쌍이 답하기를 "빈궁께서 저의 옷을 강제로 벗기고는 억지로 자리
에 눕게 해 남자와 교합하는 모양으로 희롱했습니다"라고 했다.
봉씨는 "소쌍이 항상 단지를 사랑하고 좋아해서 밤에는 함께 잘 뿐
만 아니라 낮에도 서로 목을 껴안고 혀를 빨았습니다"고 실토했다.

《세종실록》 1436년 10월 26일

한편 서양의 동성애 이야기 또한 유구한 역사성을 갖고 있는데, 오
늘날 널리 쓰이고 있는 영어식 표현에 이러한 내력이 담겨 있다. 지
난 2003년 미연방대법원은 동성애를 처벌하는 텍사스주의 '소도미법
sodomy law'에 관해 "자신의 사생활을 보호받을 권리가 있다"며 위헌
결정을 내렸다. 여기의 '소도미'란 구약성서 〈창세기〉에 나오는 '소돔과
고모라' 이야기에서 비롯된 것으로, 두 도시가 동성애 성행 등 타락으
로 멸망했다고 해 소돔은 동성애의 상징어가 되고 급기야 소도미라는
말이 탄생한 것이다. 오늘날 여성 동성애자를 일컫는 '레즈비언'도 기
원전 7세기 그리스의 고대 여류시인 사포가 자신을 따르던 많은 소녀
들과 공동생활을 했다는 에게해의 '레스보스섬 사람들'이란 의미로
쓰이고 있다.

사실, 우리가 들어서 알 만한 서양의 인물 중 동성애 또는 양성애
자로 거론되는 경우는 헤아릴 수 없이 많다. 소크라테스를 비롯해 알
렉산더 대왕·미켈란젤로·셰익스피어·바이런·슈베르트…. 이들은 특
정 분야에 국한되지 않으며, 그렇게 지목된 이유도 관련 기록이나 그

사포는 기원전 7세기경 그리스 레스보스섬에 소녀들을 위한 시 아카데미를 열었다는 최초의 여류 서정시인이다. '문학의 여신, 열 번째 뮤즈(플라톤), 호메로스의 맞수'라는 등 예찬과 함께, 후대의 많은 예술인에게 영감을 준 것으로 평가받는다.

들의 작품과 어록에서 유추되는 등 형태가 다양한데, 그 행적을 살피다 보면 동성애라는 성애의 형태가 선택의 문제일 뿐 이상하거나 특별한 것이 아니라는 생각에 미치기도 한다.

이러한 동성애적 성격도 갖고 있던 남사당패의 본질은 예능 집단이다. 그들이 처음으로 나타난 발상지는 안성의 천년고찰 청룡사인데, 이는 그 사찰이 당시 각지를 떠돌던 유랑인들에게 비교적 관대했던 측면도 있으나, 무엇보다 안성이라는 지역적 특성과도 밀접한 관계가 있었던 것으로 보인다. 경상·전라·충청의 삼도 지방에서 한양으로 올라가는 발길이 만나는 교통의 요지로서, 각 지역의 물산이 집결하고 자연히 대형 장시가 들어서게 된다. 이중환은 《택리지》에 '경기와 호남 바닷가 사이에 위치해 각지의 화물이 쌓이고 장인들과 장사꾼이 모여들어 한양 남쪽의 도회가 되었다'고 적고 있다. 안성 장은 대구·전주와 함께 조선의 3대 장터 중 하나이자 박지원의 소설 《허생전》의 무대가 될 정도로 유명세를 타기도 했다. 이러한 입지 조건은 대중 앞에서 공연하며 살아가는 남사당들에게는 더없는 무대였다.

19세기 말 이곳 청룡사에서는 조선의 남사당패들 간에 널리 회자되던 전설의 꼭두쇠가 출현한다. 놀랍게도 열다섯 살짜리 소녀인 '바우덕이', 본명은 김암덕金巖德이었다. 그녀에게는 지금까지도 '최초·최고·유일'이라는 수식어가 따라붙는다. 우선, 남성들이 주류이던 조직에서 당당히 만장일치로 선출된 유일한 여성 우두머리였다. 이렇게 될 수 있었던 것은 무엇보다 그녀의 뛰어난 기예 실력을 조직원들이 인정했기 때문이었다. 다섯 살에 고아가 되어 안성 불당골에 있던 남사당패에 맡겨져 각고의 노력 끝에 열네 살 무렵에는 누구도 해내지 못하던 줄타기 기술을 선보인다. 급기야 그녀의 신기에 가까운 재주가 궁궐에 알려져 경복궁 중건 노동자들을 위로하는 공연을 하기에 이른다. 이 공연을 보고 감탄한 흥선대원군은 정삼품이 착용하는 옥관자를 하사한다. 천하디천한 신분의 사당에게 사실상 고관 벼슬이 내려진 셈이었다. 소문과 함께 바우덕이라는 이름이 삽시간에 퍼져 나가고 청룡사 남사당 또한 인기가 하늘을 찔렀다. 당시 구전되던 노래다.

> 안성 청룡 바우덕이 소고만 들어도 돈 나온다
> 안성 청룡 바우덕이 치마만 들어도 돈 나온다
> 안성 청룡 바우덕이 줄 위에 오르니 돈 쏟아진다
> 안성 청룡 바우덕이 바람결에 잘도 떠나간다

이렇게 벌어들인 돈은 다 어디 갔는지, 스물세 살의 꽃다운 나이에

안성의 어느 후미진 산자락에는 19세기 아이돌로 당대 대중문화를 이끌던 바우덕이 사당이 있다. 그녀가 바라보는 곳, 갈채와 환호가 쏟아지던 시끌시끌한 저자 거리인가? 천민 출신의 스타가 겪었던 굴곡진 삶의 뒤안길인가? 한없이 처연한 표정이다.

영양실조로 인한 폐병에 무너졌다. 애초에는 봉분도 없이 그냥 맨땅에 묻혔으나, 세월이 흘러 안성 남사당놀이가 대통령상을 수상하고 경기도 무형문화재로 지정되는 등 주목받자 그 씨앗을 뿌린 바우덕이는 다시 살아났다. 비석은 물론이요, 사당까지 세워진 것이다. 그녀를 주 테마로 하는 '안성 남사당 바우덕이 축제'가 2001년부터 이어지는 가운데, 유네스코 공식 축제로도 자리했다.

바우덕이 김암덕, 그녀는 한때 명멸해간 그저 그런 예능인이 아니다. 사람들의 뇌리에 '의지와 집념의 화신'으로 깊숙이 각인된 진정한 슈퍼스타다.

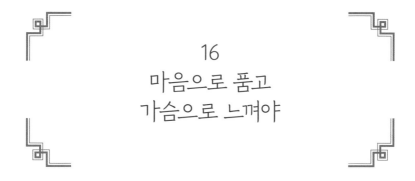

16
마음으로 품고
가슴으로 느껴야

수년 전, 모 방송사의 역사 대담 프로그램에서 고정패널을 맡았을 때의 이야기다. 매주 특정한 테마를 전공한 학자나 해당 분야 전문가들과 이야기를 나누는 훌륭한 교양물로, 어느 날의 토론 주제는 '무궁화'였다. 항상 그랬듯이 맨 마지막 순서로 사회자가 역사를 가정하는 질문을 던진다. "만약 우리의 국화가 무궁화가 아니라면 어떤 꽃을 대신 추천하겠습니까?" 내가 "오늘의 가정에는 답변을 거부하겠다"고 하자, 사회자가 당황한다. 생방송이라면 방송 사고급이다.

재빨리 수습에 나서 "아무리 가정이라 해도 나라꽃을 바꾸는 것은 상상할 수 없다"고 부연했다. 다른 몇몇 출연자들은 매화나 국화라면 좋겠다는 의견도 내놓았지만, 전문가로 알려진 어느 학자 한 분과

목사님은 고맙게도 나와 똑같은 입장이라고 밝혔다. 그 부분은 그대로 방송되었고, 이를 시청한 지인들로부터는 "임팩트가 있었다"는 칭찬 아닌 칭찬도 받았던 것으로 기억된다. 사실 그런 자리에서는 방송사 측의 기획 의도에 맞춰줄 일이기에 조금은 오버했다는 생각도 들지만, 무궁화에 깃든 역사성과 민족적 애환에 대해 조금이나마 알고 있는 나로서는 지금도 그 뜻에 변함이 없다.

매년 4월경이면 진해·여의도·경포대·석촌 호수 등 전국 곳곳에서 벚꽃 축제가 열리고 언론에서도 이를 집중 조명하는 데 반해, 정작 나라꽃이라는 무궁화를 테마로 하는 행사에는 별다른 관심은 물론, 어디서 열리는지조차 모르는 게 현실이라는 얘기를 많이 들어오던 터였다.

사실 정부는 산림청 주관 아래, 1991년부터 경기도 수원·강원도 홍천·전북 완주와 후발 주자인 세종시 등 몇몇 지자체들과 합동으로 근 30년이 되도록 '무궁화 전국축제'를 열어오고 있다. 또 안산·가평

무궁화는 몹시 예쁘거나 향기 짙은 꽃이 아니다. 아담하고 은은한 향기를 지닌 순결한 꽃이다. 희디흰 바탕은 이 나라 사람들의 깨끗한 마음씨다. (조지훈, 1948, 〈무궁화〉)

등지의 민간기구 또는 업체에서도 유사한 이벤트를 열고 있지만, 인지도는 낮은 것이 현실이다. 주최 측의 홍보 미흡과 언론의 무관심이 주요 원인이긴 하나 무궁화가 외래종이라느니, 진딧물에 약하다느니, 생명력이

짧다느니 하는 몇 가지 시비와 논란도 한몫하고 있다. 이는 일제강점기 동안 펼쳐진 무궁화의 수난사와도 적잖은 관련이 있다.

그 시절 일제는 조선의 민족혼 말살 정책의 일환으로 무궁화는 진딧물이 많고, 아침에 폈다가 저녁에 쉽게 시들며, 어디에 심어도 나는 잡초 같은 보잘것없는 꽃이라는 이미지 만들기에 열을 올렸다. 이건 약과다. 급기야 벚꽃은 우아하지만 무궁화는 천박하다고 세뇌시키고, 꽃을 보기만 해도 눈에 핏발이 선다는 의미로 '눈에 피꽃', 만지면 부스럼이 생기는 '부스럼 꽃'으로 폄하하며 대대적인 무궁화 뽑아 버리기 및 벚꽃 심기 캠페인을 집중 전개한다. 여기에, 무궁화를 캐 오는 학생에게는 상을 주고 그 자리에 벚꽃을 심도록 하는 치졸한 방법까지 동원하기도 했으니, 무궁화가 정치적 이유로 탄압받은 유일한 식물이라는 지적이 여기에 있다.

이러한 악선전으로 인해 오히려 대한제국 황실의 상징이던 이화李花, 즉 자두나무 꽃문양을 대신해 무궁화에 대한 각별한 애착심을 불러오기도 했지만, 칼자루를 쥐고 있던 일제의 의도는 효과를 발휘했다. 무궁화가 서서히 사라지거나 뒷간 또는 길모퉁이로 밀려나는 가운데, 무지한 백성들 사이에서 부지불식간에 무궁화에 대한 부정적 선입견이 증폭되고 이에 적극 동조하는 식자층까지 나타났으니 말이다.

사실 무궁화가 나라꽃으로 적정한가에 대한 논란은 대한제국 시절에서부터 줄곧 있어왔고 그때마다 복숭아꽃·진달래·개나리·봉선화 등이 주로 대안으로 떠올랐으나, 소모적인 논쟁만 거듭하다가 유야무야되곤 했다. 또 그때마다 무궁화가 토종식물이 아니라거나 백합·장미처럼 화려하지 못하다는 등 지극히 주관적이고 편향된 주장도 난무했으니, 조선을 강점했던 일제로서는 무궁화를 퇴치할 아주 좋은 기회였던 셈이다. 한번 생긴 편견은 쉽게 사라지지 않는 법인지라, 이러한 왜곡된 인식의 잔재는 오늘날에도 거듭되는 현재 진행형이다.

나라꽃國花이 갖는 참뜻을 스코틀랜드의 사례에서 살펴보자. 10세기 중반 스코틀랜드에 이민족이 침입했을 때 거친 엉겅퀴 가시 덕분에 그들을 패퇴시킬 수 있었다는 고사에 따라, 스코틀랜드는 하잘것없어 보이고 흔하디흔한 엉겅퀴꽃을 국화로 받들게 된다. 나라꽃은 뭐니뭐니 해도 그 민족의 역사성과 문화를 반영해야 한다는 점을 시사하고 있다. 걸출한 식물학자였던 고 유달영 박사의 변이다.

> 지구상의 어떤 꽃도 완전무결할 수는 없다. 어떤 나라의 국화가 설혹 덜 아름답더라도 그것에 어떤 역사성이 결부되어 있다면 그것만으로도 움직일 수 없는 국화로서의 자격을 갖춘 것이다. 그런 면에서 무궁화는 오랫동안 우리 민족을 대표해온 유일한 꽃이기 때문에 나라꽃으로서 구비 요건을 충분히 갖춘 것이라고 말할 수 있다.

한민족을 무궁화와 연결 지어 언급한 기록은 매우 많고 또 오래되었다. 이는 우리뿐 아니라 중국 측 고문헌에도 많이 나타나는데, 가장 오래된 것은 기원전 3~4세기경 쓰였다고 알려진《산해경》이다. 중국의 대표적인 지리서이자 신화집으로, 여기에는 '군자의 나라 한반도에 훈화초薫花草가 있는데 아침에 피고 저녁에 진다'고 해 무궁화의 존재를 알리고 있고, 진나라 최표가 여러 가지 명물들을 소개한《고금주》는 '군자의 나라에 근화槿花가 많다'고 적고 있다. 이미 수천 년 전부터 한반도에는 토종 무궁화가 많이 자생하고 있었다는 징표다.

이처럼 무궁화를 상징화함으로써 중국은 오랜 세월 동안 한반도를 '무궁화의 나라'라고 해서 근역槿域이라는 별칭으로도 사용해왔음을 볼 수 있다. 옛 시절 우리의 경우도 큰 차이가 없다. 신라와 고려 시대에도 이런 의미를 담아 외교문서 등에서 '근화지향槿花之鄕' 또는 '근화향槿花鄕'이라고 쓰이다가 조선 시대에 들면서 점차 '무궁화'라는 말이 나타나고 있음을 볼 수 있다.

한 나라의 국화는 정부의 주도 아래 결정되거나 자연 발생적으로 만들어진다. 우리의 경우 태극기는 '대한민국 국기에 관한 규정'이라는 법적 장치가 있는 것과 달리, 무궁화가 국화로 법제화된 바는 없다. 다만 오랜 역사성을 담아 내려오던 중 대한제국 시절부터 불리던 애국가에 '무궁화 삼천리 화려강산'이라는 가사가 처음 등장함으로써 사람들에게 각인되었다.

또 일제강점기에 들어 1928년 발행된〈별건곤〉에서 '각 민족에게는 자신들을 대표하는 꽃이 있지만 우리를 대표하는 무궁화와 같이 형形으로나 질質로나 적합한 경우는 볼 수 없다'고 공인하는 등 그 공감대

를 넓혀갔다. 급기야 해방 후에는 국기봉 또는 정부에서 사용하는 각
종 문양과 훈장의 이름에도 사용됨으로써 사실상 우리나라의 국화로
자리하게 되었으니, 결국 민간에서 출발해 사회 전반으로 확산된 결
과다. 해방 이후 20여 년간 한국 생활을 했던 영국인 신부 리처드 러
트가 1965년 펴낸 《풍류한국》에 이러한 사실이 잘 묘사되어 있다.

> 프랑스, 영국, 중국 등 세계의 모든 나라꽃이 그들의 황실이나 귀족의
> 상징에서 출발하여 전체 국민의 꽃으로 만들어졌으나, 무궁화만은
> 유일하게도 황실의 이화가 아닌 백성의 꽃이 국화로 정해진 경우이
> 니, 무궁화는 평민의 꽃이요 이는 민주전통의 부분이다.

이러한 무궁화 보급의 선구자는 한서 남궁억이다. 19세기 말 세계
열강이 조선 병탄을 노리던 무렵부터 일제강점기까지 정부 관료·정치
가·교육자·언론인으로 두루 활동했는데, 궁내부 토목국장을 지내면
서 서울 종로와 남대문 사이의 도로를 확장 정비하고 특히 현재의 탑
골공원을 조성했던 장본인이다. 일제강점기에는 투철한 독립투사로
변신해 활동하던 중 네 차례의 옥고를 치렀고 결국 해방 2년여를 앞두
고 옥중에서 병사했다.

56세 이후에는 관직과 언론생활에서 물러나 선향인 강원도 홍천에
'모곡학교'를 설립하고 주로 후학을 지도했는데, 이 과정에서 터진 것
이 유명한 '무궁화 사건'이다. 애국계몽운동의 일환으로 학생들과 함

께 무궁화 8만여 주를 재배하면서 그 묘목을 전국 각지에 보급하던 중 일제에 의해 적발되어 모두 불태워지고, 학교도 폐쇄되었다. 이는 조선인에게는 도리어 나라꽃에 대한 의미를 새롭게 인식하는 결과를 낳았다. 당시 고문당하던 과정에서 내뱉은 것으로 전하는 일갈이 그의 심경과 자세를 대변하고 있다.

"내 나이 일흔이고 이제는 다 산 몸이 다시 전향한다는 것은 지나가는 개가 웃을 일이라, 어서 법대로 할 것을 바라는 것뿐이오. 나는 죽더라도 조선 사람으로 죽겠소…"

우리 선열들은 오랜 세월 무궁화에 특별한 의미를 부여해왔다. 먼저 '무궁無窮'이란 뜻에 대해 이는 일본의 벚꽃처럼 반짝 피었다 사라지는 것이 아니요, 초여름부터 시작해 서너 달 동안 작열하는 태양에 맞서 당당히 피고 지기를 반복하는 모습이 한국인의 기상을 닮은 것으로 보았다. 게다가 꼭두새벽에 조용히 피어나는 근면성을 갖추고 그 자태와 향기가 요란하지 않은 채 담백하고 소박한 것 또한 한민족 사람들의 성품에 빗대어진다.

특히 주목했던 것은 마지막 순간이다. 화려한 꽃일수록 주변에 꽃잎을 어지럽게 흩뿌리며 스러져가는 것과 달리, 고운 자태를 유지하다가 질 때가 되면 송이채로 꼭지가 빠지면서 소리 없이 떨어지는 모습 하며, 마지막 순간까지 흩어지지 않고 모든 꽃잎이 함께하는 자태도 민족의 얼과 겹치는 것으로 여겼다.

일제가 무궁화를 진딧물 범벅에 병이나 옮기는 흉한 꽃 정도로 비하하면서 적극적인 말살 정책을 펼쳤지만, 무궁화에 대한 예찬은 동서양을 불문하고 그 역사가 매우 깊다. 일찍이 《시경》은 〈유녀동차有女同車〉라는 시에서 '같은 수레에 탄 여자, 얼굴은 어여쁜 무궁화 / 가벼운 걸음걸이에 허리에 찬 패옥 달랑이네 /

일제강점기에 여학생들이 수놓아 해외 애국지사들에게 보냈다는 무궁화 지도, 한 땀 한 땀마다에 식민지 백성으로서의 설움과 조국 독립의 열망이 서려 있다.

강씨네 어여쁜 맏딸은 참으로 아리따워'라고 무궁화를 지극히 아름다운 꽃으로 노래하고 있고, 당나라의 시선 이태백은 '뜨락 꽃들이 아무리 고와도, 연못가의 풀들이 아무리 예뻐도, 무궁화의 아름다움을 따르지 못하네. 섬돌 옆 곱디고운 무궁화여'라며, 최고의 꽃임을 강조하고 있다.

무궁화의 학명은 '히비스커스 시리야쿠스'로, 여기의 '히비스Hibis'란 이집트 미의 여신 이름이다. 서양의 무궁화가 우리의 것과 동일하지는 않지만, 미의 여신을 닮은 꽃으로 불려 왔으니 이 또한 최고의 찬미다. 구약성서에 나오는 '나는 샤론의 장미요, 골짜기의 백합이로다'의 구절에서 샤론의 장미rose of Sharon는 무궁화를 지칭하는 것으로

대마도 덕혜 옹주비를 무궁화가 두르고 있다. 시인이던 남편 소 다케유키는 애모의 정을 이렇게 노래한다. "···. 밥도 짓지 않고 빨래도 안 하지만 / 거역할 줄 모르는 마음 착한 아내 / 세상에 여자가 있을 만큼 있으나 / 그대 아니면 사람도 없는 것처럼···"

여겨지고 있다. 아름답고 고결한 신을 의미하는 것이니, 부연이 필요 없다.

과거 우리의 애국 항일투사들은 망국의 설움을 달래는 심경을 글로 남기면서 하나같이 무궁화를 마지막까지 붙들고 싶던 민족의 얼이요, 상징적인 꽃으로 삼고 있다. 1910년 일본의 병탄에 자결로 항거했던 매천 황현은 〈절명시〉에서 죽음을 앞두고 무궁화를 떠올리고 있다. 또 만해 한용운은 옥중에서 '달 속에 있는 계수나무를 베어내고 무궁화를 심겠다'며 한반도에서 일제를 몰아내고 우리의 자주독립 국가를 만들어가겠다는 결연한 의지를 다졌다.

한편 만주 독립군 총사령관으로 청산리전투의 영웅이었던 김좌진은 군자금을 모으러 입국했다가 체포되어 옥살이를 한다. 석방된 후 다시 압록강을 건너며 스스로를 독려하는 심경의 시에서도 무궁화를 국권 회복의 상징물로 삼고 있다. 이들이 남긴 시다.

온갖 새와 짐승이 슬피 울고 강산도 찡그리니

무궁화의 세상이 이제는 종말을 고하는 도다

가을 등불 아래에서 책을 덮고 옛날을 회고하나니

글을 아는 인간 노릇 하기란 어렵기만 하구나…

– 황현, 〈절명시〉

달아달아 밝은 달아 / 녯 나라에 비춘 달아

쇠창을 넘어와서 / 나의 마음 비춘 달아

계수나무 버혀 내고 /무궁화를 심으과저…

– 한용운, 〈무궁화 심으과저〉

칼머리 바람은 센데 관산 달은 밝기만 하구나

칼끝에 서릿발 차가워 고국이 그립도다

삼천리 무궁화동산에 왜적이 웬 말이냐

진정 내가 님의 조국을 찾고야 말 것이다…

– 김좌진

꽃에는 고유의 꽃말이 있고 거기에 깃들 설화가 다채로운데, 무궁화에도 '섬세한 아름다움·영원함·일편단심' 등의 꽃말과 설화가 다양하다. '옛날, 당나라의 어느 여왕이 추운 겨울인 삼동에 꽃이 피라고 기도를 올렸는데 모든 꽃은 그 기도대로 피었지만 무궁화만은 거역하고 피지 않았다'는 내용은 한여름에만 피는 무궁화의 고고함을 상징한다.

다른 하나는 고려 예종 시절 심성이 고운 구 참판 이야기다. 그는 모함을 받고 귀양을 가지만, 그곳에서조차 한결같은 충심을 보이던 중 사약을 받고 사망한다. 시종이 시신을 수습해 묻고 얼마 후 묘지 위에서 무궁화꽃이 피어올랐다는 내용이다. 예종 시절 권신 이자겸의 전횡이 극에 달하는 가운데, 동북 9성의 개척자인 충신 윤관이 실각하고 환관들의 발호가 빈발하던 시기를 빗댄 듯한데, 무궁화와 일편단심을 연계하고 있다. 사실 이러한 무궁화의 오롯한 마음을 비유하는 이야기는 어느 여성의 일부종사와 관련된 설화가 대표적이다.

중국 한나라 시절, 북방의 어느 산간에 글에다 노래까지 잘하는 천하일색의 여성이 있었다. 사람들은 여성의 미모와 재주는 물론, 맹인 남편을 끔찍이 섬기는 것을 늘 칭송한다. 아무리 권세 있는 자들이 유혹해도 여인은 꿈적하지 않는다. 어느 날, 마을 성주가 그녀에게 반해 추파를 던지지만 역시 꿈적하지 않고 남편을 돌볼 뿐이었다. 애를 태우던 성주는 강제로 그녀를 잡아들여 온갖 방법으로 회유했지만 허탕이었다. 급기야 화가 난 성주가 단칼로 그녀의 목을 쳤다. 그녀가 죽은 뒤 성주는 그 절개를 기려 남편이 살고 있는 집 뜰에 시신을 묻어주었다. 얼마 후 그 무덤에서 꽃이 피어났는데 이 꽃나무는 자라고 자라더니 집을 둘러쌌다. 마치 맹인인 남편을 감싸주려는 듯했다. 사람들은 이 꽃을 무궁화 또는 번리화蕃籬花, 즉 울타리 꽃이라고 불렀다.

일제강점기 내내 천하에 몹쓸 꽃이요, 병을 옮기는 원흉이라는 루머에 시달리고 뿌리까지 뽑히는 수난을 겪은 데다, 해방 이후에는 나라꽃으로서의 적정성 논란에 휩싸이고 벚꽃에 밀려 변변한 관심조차 끌지 못하는 억울함을 당하면서도, 무궁화는 수천 년에 걸쳐 '한 조각 붉은 마음'으로 이 땅을 지켜온 역사의 산증인이자 민족의 동반자다.

무궁화, 그저 눈으로만 볼 일이 아니요, 오로지 한 민족의 역사와 가슴으로 품고 느껴야 하는 나라꽃이다.

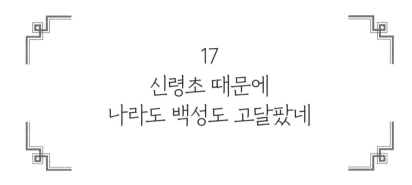

17
신령초 때문에
나라도 백성도 고달팠네

상이 안숭선에게 명해 "금번 명나라에 바치는 인삼 1,000근이 적은 것을 보고 이유를 묻는 자가 있거든 우선 현재 준비된 수량만을 바치는 것이라고 대답하라"고 했다.《세종실록》1434년 1월 26일

상께서 "변변찮은 물품으로 하찮은 성의를 표합니다"라고 하니, 중국 사신이 말하기를 "다른 물품은 감히 받을 수 없으나 지금 해외로 떠나야 해서 약용이 절실하니 인삼만은 받겠습니다"라 했다.《선조실록》1595년 9월 4일

임금이 통신사 예물에 대해 말하기를, "왜인이 인삼을 아끼는 것이

견줄 데가 없을 정도이니 주지 않으면 장차 무거운 욕을 당하게 될 것이다. 상금을 걸고 구한다면 얻을 수 있을 것이다"고 했다.《영조실록》 1748년 3월 1일

승문원에서 아뢰기를 "방금 중국에서 온 문서를 보니 '사신이 갖고 오는 인삼에 대해서는 장정을 살펴 세를 면제해줌으로써 돌봐주는 뜻을 보인다'며 응당 사례해야 한다"고 했다.《고종실록》 1886년 1월 21일

조선조 내내 인삼 문제가 중국 및 일본과의 외교에서 주요 이슈가 되었고, 교역에서도 긴요한 물품이었음을 보여주는 실록의 내용이다. 이뿐만 아니다. 조선으로 오는 사신들에게도 예외 없이 인삼을 선물하고 있으며, 때로는 자신에게 주는 인삼의 양이 적다고 삐치는 사례도 나타난다. "사신에게 인삼 여덟 근을 회례했더니 '고려인은 구두쇠'라고 투덜대며 받지 않았다"는 기록이 세종 시절에 남아 있다. 또 조선에서 파견되는 사신들은 다량의 조공은 물론이요, 제반 비용 조달을 위해 현지에서 판매할 인삼을 가져가기도 했는데, 통상 현재의 30킬로그램에 해당하는 80근이 상한선이었기에 팔포무역八包貿易이라 불렀다. 이는 공식적인 거래의 경우이며, 수행하는 역관 등을 통해 이루어지는 비공식인 장사는 별개다. '고려인삼'으로 불리던 국내의 인삼이 중국 현지인들에게 폭발적인 인기였기에 가능한 일이었다.

여기에 등장하는 인삼이란, 오늘날 우리가 흔히 보는 재배삼이 아

니라, 대부분이 산악 등지에서 채취된 산삼山蔘이나 이를 말린 형태의 홍삼을 말한다. 《조선왕조실록》에는 '인삼'에 관한 기사가 총 1,000여 차례 나오는데 이는 모두 자연삼을 의미하는 것이며, 직접 '산삼'이라는 표현을 쓰는 경우는 70여 차례에 불과하다. 요컨대, 그 시절에 쓰이던 인삼이라는 용어는 자연 상태에서 수집한 산삼을 가리키는 것이었는데, 다른 나라에서 나는 삼 종류와는 달리 그 모습이 사람의 형체를 닮았기에 인삼으로 불리었을 뿐이다. 한편 인삼이 이처럼 관심의 대상이 되었던 이유는 당시의 용처와 직결되어 있다. 오랜 세월 동안 "고려 인삼은 죽는 자도 살린다"는 신령초神靈草로 명성을 쌓아온 터라, 오늘날의 건강보조식품 정도가 아닌 왕실의 귀중한 약재와 중국에 보내지는 핵심 조공품으로 사용된 것이다.

사실 한반도에서 나는 인삼, 즉 산삼이 각광을 받은 것은 이미 삼국 시대부터였다. 《삼국사기》에 따르면, 고구려 광개토 대왕이 북위와 외교의 일환으로 사신을 통해 산삼을 보냈는데, 그에 대한 보답으로 '요동개국 고구려왕'이라는 칭호로 감사를 표한 바 있으며, 백제도 양나라 무제에게 산삼을 조공한다. 특히 신라는 당 태종에게 백제의 국경 침범을 견제해줄 것을 요청하는 사신을 보낼 때도 다량의 인삼을 공물로 보내 환심을 사고 있으니, 차후 나당연합의 기틀을 세우는 데도 톡톡한 역할을 한 것이다. 이처럼 삼국 공히 중국과의 사대교린 정책을 펴나가는 데 인삼이 공물로서 가장 가치가 있고 중국에서도 반기는 매개체 역할을 하고 있었음을 보여준다. 당시 인삼이 쉽게 구할 수 없는 귀한 약초였음을 짐작하게 하는 고구려의 〈인삼요〉가 조선 후기 한치윤이 쓴《해동역사》에 실려 전한다.

그 갈래는 셋이요 잎은 다섯이라 三枝五葉

양지를 뒤로 한 채 음지를 향하고 있어 背陽向陰

나를 얻으려고 다가오는 사람이라면 欲來求我

자작나무 그늘에서 찾아보시구려 椵樹相尋

이처럼 중국과의 교역품 또는 예물로서의 성격이 짙던 인삼이 점차 강요성을 띤 조공품으로 변질되어, 우리 조정의 골칫거리가 된 것은 고려 후반부터다. 자연삼 남획에 따라 개체 수가 점차 고갈되어 가는데 유명세는 날로 높아져 수급 불균형이 심화한 것이다. 특히 원나라의 부마국으로 사실상 지배를 받던 시기에는 그 정도가 더욱 심해져 충렬왕 시절, 원의 고위 관료 출신으로 고려에 시집오는 공주를 따라왔다 귀화한 장순용이 나서 과중한 조공 요구를 완화시키려고 적극적인 중재 노력을 했지만, 꿈쩍하지 않았다. 게다가 원나라의 장사치나 심마니들이 산삼을 캐려고 고려의 국경을 넘는 일마저 빈발하자 이를 시정해달라고 수시로 요청해도 특별한 효과가 없었으니, 고려 조정으로서는 이래저래 신경 쓰이는 일이었다.

조선 시대는 인삼 조공에 따른 부작용이 본격적으로 나타난 시기였다. 새로운 나라 개창을 인준받기 위해 고명 사신을 보내야 하는 입장이니, 명나라 황실이 가장 좋아하는 인삼을 최대한 많이 들려 보내야 하는 것은 자명한 일이었다. 500근, 무려 200킬로그램에 가까운 양을 보냈는데, 이것이 빌미가 되었는지 저들은 매년 명절이나 황족 생일 축하를 이유로 100여 근씩을 요구하는 등 갈수록 태산이었다. 여기에 입국하는 사신들까지 거들었다. 조선 조정에서 답례로 다량의 인삼을 선물했지만, 상당수는 노골적으로 더 많은 양을 채근했다. 이뿐만 아니라, 지참해온 물품과의 교환을 내세워 강탈하는 등 장사치 속셈을 드러냈음에도 거부하기가 어려운 것이 조선의 현실이었다. 광해군 시절의 실상을 재구성한 실록의 내용이다.

> 조사인 유홍훈과 양도인은 탐욕스럽기가 비길 데 없었다. 인삼값을 은으로 치르는데 매우 많았다. 심지어 개인이 임의로 은을 발급해 수천 근의 인삼을 팔도록 하고는 삼을 받은 다음에 곧바로 본은本銀까지 추징했다. 큰 도시에서 은 7~8만 냥을 거둬들이니 나라의 재물이 바닥났다.

더구나 인삼이 조선 왕실에서 영약으로 쓰이고 있었으니 그 부담은 점입가경이었고, 이러한 조정의 진퇴양난 속에서 정작 죽어나는 것은 공납 의무를 진 백성이었다. 산악 지역 중심으로 가가호호에 바쳐야 하는 수량이 할당되었고, 이를 맞추지 못하면 상응하는 처벌을 감수해야 했다. 그러나 산신령의 점지가 있어야 찾을 수 있다는 신령초가

삼을 캐러 나서기에 앞서 심마니의 리더격인 '어인마니' 주관 아래 산신제를 행한다. 입산자 수만큼 한지를 걸어두거나 산신령을 따라다닌다는 동자를 위해 사탕을 올리는 것도 이채롭다.

쉽사리 눈에 띄는 것이 아닐뿐더러, 어린 것들까지 마구잡이로 뽑혀 나갔다. 여기에서 심각한 삼폐蔘弊, 즉 삼으로 인한 폐단이 고개를 든다. 농민들이 농사마저 팽개치고 산속을 헤매지만 대다수는 허탕이다. '지역 경계를 넘어가면서 찾아 나서나 통상 열 명이 입산하면 여덟 명은 허탕이다'는 《영조실록》의 기록이 이를 뒷받침한다. 급기야 세간·전답·집을 처분하고 심지어 처자식까지 노비로 팔아 방납업자를 통해 삼을 구하는 지경에 이르게 되자, 세인들 사이에 "물이나 불난리 보다 더 심하다"는 하소연이 터져 나온다. 그 시절, 산속을 헤집고 다니며 올렸을 법한 제문이 전해 온다.

앉아서도 능견천리 하시는 산신님은 기도를 올리지 않아도 능히 아실 것입니다. / 다름이 아니오라 이 몇몇 바보 못난 인간들이 선약 부리시리산삼를 구하러 왔습니다. / 흠향 받자옵고 만덕분을 내려주시와 비사비몽 마시고 직몽으로 어느 나무 아래나 어느 돌 아래 있다고 가르쳐 주시옵소서. / 산신님이 많이 지어두신 방초 큰 밭, 무밭 같은 것을 아깝다 마시고 애석타 마시옵고 내어주시옵소서. / 모쪼록 즉몽으로 가르쳐주옵소서.

이러한 현상은 한 개인 또는 집안의 고충에만 머무르는 것이 아니었다. 사회적으로는 자신의 거주지를 무단 이탈해 야반도주하는 사례가 급격히 늘어나 마을의 공동화 현상을 가져왔다. 정조 시절, '원래 2만여 호였던 고을이 지금은 삼으로 인한 폐단 때문에 4,518호로 줄었다'는 장계가 올라오기도 했다. 더욱 큰 문제는 이로 인해 국역 담당 인력의 고갈 현상까지 나타나 국가 운영에서 가장 중요한 국방에도 악영향을 미친다. 당연히 전국의 수령 방백들로부터 그 실상과 함께, 인삼 공납의 완화를 요청하는 진언이 이어지고, 조정에서도 궁여지책으로 금과 은·종이·마필 등 다른 물품으로 대체하거나 심지어 인삼 채취를 전담하는 전문 인력인 보삼군補蔘軍까지 운영하면서 삼이 많이 나오는 곳에 일종의 출입통제 표식인 '삼산봉표蔘山封標'를 세워 보호하는 등 백방으로 노력하지만, 인삼에 대한 막대한 수요가 줄어들지 않는 한 근본적인 해결책이 되지 않았다.

결국 민간 차원에서 인삼을 자연 채취하는 데 머무르지 않고 직접

키우는 재배가 시작된다. 그러나 공
개적으로 이루어질 수 없는 일이었
다. 왕실 공납용은 차치하더라도,
중국에 대한 조공에 이를 사용한다
는 사실이 밝혀질 경우 자칫 황제를
속인 '기군강상欺君罔上의 죄'까지 불러
와 심각한 외교 문제로 비화될 수도
있기 때문이었다. 그러니 백성 사이
에서 암암리에 행해질 수밖에 없었
고, 비록 인위적인 재배이긴 하지만
인삼의 약성과 효능 등을 고려해 생

정선 가리왕산 삼산봉표. 지금껏 발견된 유일
한 비이며 18세기 초에 세운 것으로 추정된
다. '삼이 나는 곳이니 들어가지 말라'는 표식
인 만큼, 당시 산삼에 대한 지역별 보호 및 쟁
탈전이 얼마나 극심했는지를 웅변하고 있다.

육 조건이 알맞고 가급적 사람의 손이 타지 않는 깊은 산중에서 행해
졌다. 이것이 오늘날의 산양삼 또는 장뇌삼의 원조가 되는 것이라고
여겨지며, 오랜 세월 동안 국가 차원의 공식적인 삼 재배 기록이 없었
던 이유이기도 하다. 이러한 재배삼이 '가삼家蔘'으로 불리면서 처음으
로 표면화된 것은 중국의 조공물로 무사히 통과된 1790년 정조 무렵
이지만, 그 이후로도 이에 대한 평가가 그리 긍정적이지는 못했음을
볼 수 있다.

　　　"한번 가삼이 성행한 뒤로는 경상도와 원춘도강원도에서 봉진한 것이
　　대부분 가삼입니다." … "인삼에 관한 정사가 갈수록 구차하기는 하

나, 관동 등의 고을에 명산 하나를 인삼밭으로 만들고 빙 둘러 봉전하기를 황장목의 예와 같이한다면 10년이 못 되어 인삼을 쓰기에 부족함이 없을 듯합니다"

이러한 재배삼은 지난 16세기 중엽, 약 4년간 경상도 풍기 군수로 있었던 주세붕에 의해서 시작된 것으로 전한다. 오랫동안 거듭되어 오는 삼폐로 인한 백성의 고충을 해결하고자 했던 애민의 마음에서 시도한 그 시절의 삼 재배법은 오늘날의 반도체 제조 못지않은 혁신적 기술이었던 것으로 평가받고 있다. 1907년 발족한 풍기인삼조합의 연혁에서는 '약 500년 전, 주세붕 군수가 재임할 당시 인삼 재배법이 개발되었고 비밀리에 장려되어 오늘에 이른다'고 밝혀 이를 뒷받침하고 있다. 한편 주세붕이 떠난 5년 후에 이곳 풍기 고을 사람들에 의해 세워진 선정비에 '백성의 이익을 흥하게 하고 폐단을 혁파했다'는 의미의 '흥리혁폐興利革弊'라는 치적을 담고 있는 것도 이러한 사실을 시사한다.

그 후 주세붕은 내직을 거쳐 다시 황해도 관찰사로 부임한다. 그는 여기에서 근무하는 동안에도 개성 일대를 중심으로 인삼 재배법을 은밀히 보급함으로써 후대에 '개성 인삼'이라는 브랜드 탄생의 씨앗을 뿌린다. 세월이 흘러 인삼은 개성상인들의 주요 거래 물목으로 자리 잡게 되었으며, 한국전쟁 이후에는 월남한 개성 출신 인사들이 주로 경기도 지방에 정주하면서 강화·파주·포천·연천·김포 등 주로 한강 이

북 지역을 중심으로 개성 인삼의 명맥을 잇게 된다. 하기야 오늘에 이르는 지역을 불문하고 한반도가 인삼 천국이요, 충남 금산의 세계 인삼축제에는 수백만 명이 몰려 사람의 바다를 이룬다. 이렇게 된 이면에는 전란의 와중에도 목숨을 걸고 개성에 침투해서 보관 중이던 인삼 씨를 남한으로 반출해 세계 최고라는 개성 인삼의 전통과 명맥이 이어지도록 한 무용담이 전해온다. 이른바 '삼종參種 회수작전'이다.

한국전쟁 발발 초기, 개성에서 충남 부여로 이전한 개성인삼전매지청에게는 우량 인삼종자를 확보하는 것이 가장 큰 과제였다. 당국은 개풍군 망포에 개성인삼 종자가 다량 보관되어 있다는 정보를 입수한다. 전매지청과 직원, 인삼상인 등 세 명으로 구성된 '삼종회수특공대'는 강화도를 출발, 배로 임진강을 거슬러 올라가 망포에 잠입했다. 이 뱃길은 남·북이 대치한 최전방으로 목숨을 건 잠행이었다. 그리고 인삼 종자는 배편으로 강화도를 출발, 인천을 거쳐 부여로 이송되었다. 세계 최대 규모의 홍삼 제조 메카인 부여 고려인삼창은 이렇듯 인삼을 목숨보다 더 소중히 여기던 개성인삼전매지청 관계자들의 살신성인이 있었기에 오늘날까지 고려인삼의 명성을 부여에서 이어올 수 있었다.

앞서 살펴본 것처럼 인삼은 오랜 세월 국제적인 관심을 끌었는데, 이는 비단 중·일 등 동양에만 머무른 것이 아니다. 이미 17세기경부터 유럽에서는 인삼이 동양의 신비한 영약으로 간주되면서 귀족층을 중심으로 사용되기 시작했다. 기록에 의하면 프랑스의 루이 14세, 사회 계약설로 유명한 장 자크 루소, 러시아의 사회주의 혁명가이자 문학가인 막심 고리키 등이 대표적인 인삼 애호가였다. 이 중 루소는 제자가 값비싼 원두를 선물로 보내오자 인삼 한 뿌리를 답례하는가 하면, 고리키는 아예 인삼즙을 갖고 다니며 상시 복용했다고 한다. 19세기 말 조선의 개항기에는 서양 세력이 조선에 요구한 교역 물품 중 인삼이 빠지지 않고 등장한다. 이러한 흐름 속에서 당시 미국이 조선의 인삼을 탐내서 통상조약 체결을 서둘렀다는 후일담까지 나왔다.

이는 특히 한반도에서 생산되는 인삼의 효능이 탁월한 것으로 정평이 났음을 방증하는 것으로, 인삼에 관한 다채로운 설화와 전설도 무성하다. 여기에는 몇 가지 패턴이 있는데, 첫째는 영약으로서의 신비성이다. 우선 산삼을 먹고 약골인 사람이 장사가 되거나 신선으로 변했다는 이야기부터, 인삼을 약으로 쓰지 못하고 죽은 사람의 장사를 치를 때 원혼을 달래기 위해 인삼을 빌려다가 상여 위에 놓기도 하고, 중병이 든 사람의 머리맡에 인삼을 갖다 놓기만 해도 효험을 보았다고 전한다.

또 하나는 산신령에게 소원을 빌어 인삼을 발견할 수 있었다는 형태인데, 여기에는 효심이나 선행 같은 유교적 덕목이 메시지로 들어간 경우가 대부분이다. 죽어가는 부모를 살리기 위해 노력하는 자식에 감복해 치료약으로 점지해주는 '지성이면 감천' 형이 있는가 하면, 후손을 보지 못해 애태우는 부부의 간절한 기도에 응답하는 형태로 나타나기도 한다. 반대로 남의 것을 탐내다가 천벌을 받는다거나, 지나친 욕심을 부리다가 도리어 화를 입는다는 내용의 권선징악적 내용도 빠지지 않는다. 다음은 어느 노인이 효자가 캔 인삼을 가로채 먹고는 장님이 되었다는 이야기다.

진식이 늙은 아버지를 모시고 어렵게 살아가던 어느 겨울날 아버지가 중병이 걸려 드러눕는다. 방을 따뜻하게 하려 산속에서 나무를 한 짐 해놓고는 산신에게 아버지를 살려달라고 정성껏 빌었다. 그러는 동안 발밑에 새빨간 꽃이 핀 풀이 한 포기 돋아나 있었다. 이상히 여겨 그 풀을 뽑아 가지고 와 이웃집에 물어보았더니 마음이 흉악한 이웃집 노인이 인삼임을 알아채고는 아무 쓸모 없는 것이라고 속여 진식을 보낸 후 자신이 달여 먹었다. 인삼 중에서 가장 귀하고 신효가 있다는 비삼秘蔘으로 산신이 지극한 효성에 감탄해 진식에게 준 것이었다. 그러나 이를 속이고 달여 먹은 노인은 그 자리에서 눈이 멀어 장님이 되고 진식의 아버지는 아무것도 먹지 않았으나 병이 완쾌되었다.

한편, 민초들이 지속적으로 겪어온 삼폐로 인한 고통을 반영하는 이야기도 다채롭다. 가중되는 공납 의무에 시달리다가 지쳐 마지막 수단으로 산신에게 인삼을 내려주지 않으면 다시는 제사를 지내지 않겠다며 사당을 부숴버리는 '화풀이형'이 있는가 하면, 백성의 안타까운 하소연을 들은 고을 수령이 대신 나서서 산신과 타협해 문제를 해결한다는 '대리 역할형'도 있다. 이런 사례를 통해 당시 나라에 산삼을 바치는 일이 민중에게 과중한 의무였을 뿐만 아니라, 불합리한 실상임을 잘 알면서도 관리로서 징수를 감행할 수밖에 없었던 일선 지방관들에게도 고충이었음을 잘 알 수 있다.

최원길은 삼 공납을 위해 수년간 산중을 헤맸으나 한 뿌리도 캐지 못하고 재산만 날렸다. 급기야 사또를 찾아가 이곳 산신도 당신 관할인 만큼 역할을 해달라고 간청하니, 사또가 산신당에 게시문을 붙인다. '최원길에게 산삼을 줄 것을 명령한다. 듣지 않는다면 내 관하에 머물러 있음을 허가하지 않을 테니, 급히 타지로 옮기라.' 그날 밤 두 사람의 꿈에 선녀가 나타나 자신의 불찰이라고 사죄하고는 지금에 와서 다른 곳으로 옮겨 갈 수 없다면서 인삼 있는 자리를 점지해준다.

인삼은 우리가 천년 세월을 훌쩍 넘도록, 그 효능과 약성에서 종주국으로서의 위치를 강고하게 지켜온 한민족의 신령초다. 거듭되는 영욕의 부침 속에서, 한때는 약소국으로서의 서러움을 느끼게 하고 때로는 민초들의 원성도 사는 원인이 되었지만 옹골차게 이 땅에서 싹을 틔우고, 뿌리 내리고, 또 자라온 역사의 한줄기다.

고즉신야古則神也, 오래된 것에는 신령스러움이 깃들어 있는 법이다.

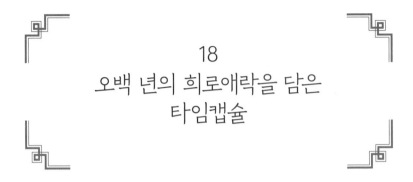

18
오백 년의 희로애락을 담은
타임캡슐

족히 15년은 넘었을 듯싶다. 일행 10여 명과 함께 지중해 3국으로 불리는 터키와 그리스에 이어 이집트에 갔을 때다. 골목길 어귀의 어느 가게에서 몇몇 현지 여성들이 텔레비전 시청에 몰두하고 있는데, 놀랍게도 한국 드라마 〈대장금大長今〉이었다. 반갑기도 하고 신기하기도 해서 선 채로 한참이나 같이 보던 중 현지 여성들이 우리를 알아채고는 출연 배우들과 생김새가 비슷하다는 뜻인지 자기들끼리 뭐라고 얘기를 주고받는다. 돌아오던 길에 일행 가운데 누군가가 "저 드라마가 인기는 인기인가 봐"라고 하더니, 장금이가 실존 인물인지 그냥 드라마를 위해 만들어진 인물인지 의문을 제기하자 일행들의 의견이 각양각색으로 펼쳐졌다.

그동안 대중 매체 등 여러 곳에서 소개해왔기에 이제는 상식에 속하는 일이 되었지만, 당시에는 꽤 논란거리였던 점을 생각해보면 그 인기도를 가늠할 수 있다. 대장금은《중종실록》에 총 네 차례 관련 기록이 나오는 실존 인물이다. 의술이 퍽 뛰어난 의녀였던지, 주로 상을 하사하는 내용이 나오더니 급기야 중종은 "의녀 대장금의 의술이 그 무리 중에서 나은 듯해 대내大內에 출입하면서 간병하고 있으니, 이 전체아를 대장금에게 주라"고 명한다. 여기서 '전체아'란 상시 근무자를 일컫는 말이니만큼, 지금으로 이야기하자면 대장금을 계약직 또는 임시직에서 정규직으로 채용하라는 의미다. 근원을 따지자면 대장금은 460여 년 만에《조선왕조실록》이 만들어낸 스타다.

사실, 실록은 일부에서 오해하는 것처럼 단순히 임금이나 왕실의 일화 또는 복잡다단한 정치적 상황의 묘사에만 국한되어 있는 것이 아니다. 당대 권력의 최상층부에서부터 밑바닥 민초들의 사연에 이르기까지 그 내용이 다양할 뿐 아니라, 정치·경제·사회·문화 등 인간사의 거의 모든 분야를 망라하고 있어 가히 '조선판 백과사전'이라고 할 만한 우리의 대표적인 문화유산이다. 특히 딱딱한 정치사 외에 당시 일어났던 신기한 일화들도 즐비하다. 앞서 소개된 대장금을 비롯해 왕의 남자 공길의 이야기는 영화나 드라마의 소재로 다루어진 경우이고, 일본에서 선물로 받은 코끼리를 귀양 보낸 사연이나, 궐 안에 귀신 소동이 일어나는 장면, 백두산 분화를 시사하는 상황, 유에프오UFO:미확인 비행물체 목격담 등은 아주 흥미로운 에피소드들이다.

유정현이 진언하기를 "일본에서 바친 코끼리는 성상께서 좋아하는 물건도 아니요, 나라에 이익도 없습니다. 이미 두 사람을 해쳤는데, 법으로 논한다면 사람을 죽였으니 사형시키는 것이 마땅합니다. 또 1년에 먹는 콩이 수백 석에 이르니, 주공周公이 코뿔소와 코끼리를 몰아낸 고사를 본받아 전라도 섬에 가두소서." 임금이 웃으면서 따랐다. 《태종실록》 1413년 11월 5일

양양부에서는 8월 25일 미시未時에 전문위의 집 뜰 가운데 처마 아래의 땅 위에서 갑자기 세숫대야처럼 생긴 둥글고 빛나는 것이 나타나서, 처음에는 땅에 내릴 듯하더니 곧 한 장丈 정도 굽어 하늘로 올라갔는데, 마치 어떤 기운이 공중에 뜨는 것 같았습니다. 《광해군일기》 1609년 9월 25일

《조선왕조실록》은 지난 1997년 각국의 실록으로는 유일하게 유네스코의 세계기록유산에 지정되었다. 양과 질적인 면에서 독보적인 것으로 평가된 결과였다. 이는 조선 태조~철종 간 472년이며, 날짜로는 무려 17만 2,000여 일의 역사적 사실이 일기식으로 작성된 1,893권의 기록이다. 실록들을 포개놓을 경우, 높이가 32미터로 고층 아파트 12층에 달하고, 쓰인 글자도 약 6,400만 자로 천자문 6만 4,000권에 해당한다. 27년간의 기록인 일본의 〈삼대실록〉은 물론이요, 중국《황명실록》(294년)이나《대청역조실록》(296년)보다도 기간이나 내용 및 기

태종은 사냥 중 낙마해 체면을 구긴다. "사관이 모르게 하라" 했지만 그 말까지 《조선왕조실록》에 여지없이 남긴다. '나라 위해 치부는 감춘다(爲國諱恥)'는 중국식 역사 서술과 사뭇 다르다. 기록에 대한 경외심이 인류유산으로 등재된 정신이다.

록의 진실성 면에서 월등하다. 특히 《황명실록》의 경우 2,964권의 방대한 기록이긴 하지만 권수만 많을 뿐, 알맹이가 빈약하다. 전체 글자 수가 1,600여만 자로 《조선왕조실록》의 4분의 1 수준인 것도 그렇고, 손으로 직접 쓴 필사본인 데다 황제에 의해 열람은 물론 첨삭이 가능했던 점을 고려하면, 임금도 보지 못하고 인쇄본이었던 《조선왕조실록》과는 현격한 차이를 보인다.

실록은 기초 사료들이 확보되는 단계에서부터 취사선택이 배제된다. 이는 사관들이 임금의 공무에 관한 한 빠짐없이 사초로 남기는 데서 시작한다. 여기에는 사관들이 퇴청할 때 그날 보고 들은 바를 제출하는 입시사초와 집에 보관하는 가장사초가 있다. 이 중 가장사초가 큰 위력을 발휘하는 경우가 많다. 사관들이 그날그날 있었던 일에 대해 '그의 행동은 천하의 아부였다' '임금의 무지에서 비롯된 것이다' 등 자신의 주관적인 의견과 논평, 즉 사론史論을 적어 놓는 것이었다.

물론, 사초가 전임 사관들에만 의존하는 것은 아니다. 왕의 측근에 있던 모든 관료들도 일종의 겸임 사관 역할을 했다. 이렇게 다양한 통로로 모인 사초들은 임금이 승하하고 나서 실록을 편찬할 때 《시정기》《승정원일기》《비변사등록》 등과 함께 핵심자료로 쓰인다. 특히 당시 사관들은 정칠품 이하의 비교적 하급직이 대부분이었으나, 자존심 강한 엘리트들로 사초를 목숨처럼 지키고, 어떤 권력이나 금력에도 굴복하지 않았다.

> 승정원이 아뢰기를, 상께서 근일에 자주 내정에 명해 당나귀와 망아지들을 들여다보신다 하는데 원하옵건대, 성학에 뜻을 독실히 하시고 개와 말을 좋아하지 마소서… 사관은 평한다. "왕이 비밀리에 암·수말을 후원으로 끌어들인 것은 교미 장면을 구경하기 위함이다."
>
> 《연산군일기》 1496년 6월 1일

사관의 선발 과정 또한 과거시험 성적 우수자 중 엄선하되 그의 부·조부·증조부·외조부 등 4조(四祖)까지 검증하고, 특히 미혼자는 제외했는데 이는 특정 정파에서 사관과의 혼인을 정략적으로 맺어 자신들에게 유리한 내용이 실록에 기록되도록 하는 등 악용하려는 의도를 차단하려는 목적이었다. 임금에게조차 사관은 '스토커'였다. 자연히 이들을 두려워하면서 기피하지만 '독립성'이라는 일종의 신성불가침 원칙이 보장된 사관들은 일신을 돌보지 않고 꿋꿋이 따라붙는다. 태종이 수렵행사인 강무에서 낙마한 직후 "사관이 모르게 하라"고 했다거나, 연산군이 유일하게 두려워하는 존재가 사관이었다는 이야기가 이를 증거하고 있다. 믿기지 않는 일이지만, 500년 조선을 지탱해 준 엄연하고도 아름다운 진실이었다.

끝으로, 공정성과 객관성이 내내 유지되었다. 제아무리 방대하고 장기간의 기록이라 해도 이러한 원칙이 무너지면 무용지물이었기에 실록의 위대성을 담보하는 귀중한 방책이었다. 물론 임금이 선대의 실록 내용을 참고하고 이것이 당대 사회에 영향을 미치기도 했지만, 그럴 경우에도 반드시 사관 등으로 하여금 확인하게 하는 간접적인 방법을 썼다. 봉건왕조 시절, 절대 권력자인 임금이 이를 직접 보고 싶은 심정이야 오죽했으랴마는 불문율은 내내 이어졌다. 여기에 얽힌 세종의 이야기가 흥미롭다. 절대로 고치거나 하지 않을 테니 태종실록을 보도록 해달라고 간청한다. 그러자 대신들은 자칫 향후 사관의 기록이 왜곡될 수 있는 데다, 후대에도 선례로 남아 유사한 요청이 거듭되고, 특히 사관은 이러한 열람의 사실조차 여지없이 써서 남길 것임을 들어 불가하다고 진언하자, 세종도 흔쾌히 받아들임으로써 이러한 원칙은 유지될 수 있었다. 그 임금에 그 신하다.

> 상께서 춘추관에 명해 "태종께서 《태조실록》을 열람한 적이 있는지 없는지를 상고해 아뢰도록 하라" 했는데, 상고해도 열람한 일이 없었다. 《세종실록》 1438년 3월 4일)

여기에 또 하나 주목할 만한 것은 실록의 수정 과정이다. 제아무리

공정하게 수집된 사초들로 실록이 편찬된다고 하더라도, 명백한 오류가 발생하거나 편찬 당시 특정 정파에 의해 왜곡된 사실이 드러나면 수정이 불가피하다. 의정부 주관 아래 상당한 토론을 거치되, 새롭게 임명된 젊은 사관들의 감시하에 작업이 이루어진다. 그러나 이러한 경우에도 본래의 기록이 폐기되는 것이 아니라 반드시 붉은 글씨朱書로 병기했다. 나중에라도 앞뒤의 내용을 비교할 수 있도록 하기 위함이다. 만약 특정 실록의 상당 부분이 다시 쓰여야 할 필요성이 생기거나 별도의 책으로 발간될 때는 '개수실록'이라는 이름을 명시해놓았다. 이것이 오늘날 수정 또는 개수실록을 볼 수 있는 내력이다.

이처럼 아름다운 전통으로 피워낸 실록이지만, 이를 지켜오는 데는 엄청난 수난을 감내해야 했다. 한반도 질곡의 역사가 그것이다. 조선 초기, 실록을 보관하는 사고史庫는 내사고인 춘추관과 주요 도시인 충주·전주·성주의 외사고 등 네 곳에 있었다. 그러나 임진왜란의 와중에 세 곳이 소실되고 전주 사고만 살아남았다. 여기에는 일신을 돌보지 않고 사고에 있던 실록을 지켜낸 몇몇 지방 유생의 살신성인이 있었다. 이렇게 살아남은 전주본을 기초로 새로운 실록들이 편찬되어 각지로 분산 보관된다. 한반도의 주적을 일본으로 보고 이번에는 북쪽, 그것도 도회지가 아닌 섬이나 깊은 산속의 이른바 '삼재불입지처三災不入之處'로 옮긴다. 불·물·바람의 피해를 막아보자는 의도였다. 이곳을 수호하기 위해 수십 명의 병력이 배치되었으며, 인근 사찰의 승려들도 승군으로 참여했다.

그러나 1623년 '이괄의 난' 때에 춘추관 사고는 전소되고, 1636년 병자호란의 와중에도 일부가 소실되거나 파손된다. 이러한 고난의 과정을 거쳐 최종적으로 정족산·태백산·적상산·오대산의 4사고 체제가 정립되지만, 일제강점기 들어 또다시 진통을 겪는다. 조선총독부·대학·구황실 장서각 등으로 실록이 재배치되고, 일본 도쿄대학교로 가져간 오대산본은 그 상당 부분이 관동대지진으로 사라진다. 이어 한국전쟁의 와중에서 무주에 있던 적상산본은 북한으로 반출된 가운데, 나머지 실록들은 현재 정부의 관할 하에 서울대 규장각·국가기록원·국립고궁박물관 등지로 분산되어 보관되기에 이른다. 요컨대, 오랜 국난과 병마 속에서 비교적 온전한 모습을 지켜온 것은 정족산본과 태백산본 두 개뿐이다.

이 중 정족산 사고는 애당초 다른 사고들이 주로 산속에 설치된 것과 달리, 강화도가 육지로부터 떨어진 섬이라는 특수성을 참작해 자리하게 된 경우다. 정족산鼎足山은 강화도 마니산의 서쪽 줄기로, 해발 220미터 정도의 그리 높지 않은 산자락인데 형세가 '세 발 달린 솥을 닮았다' 해서 붙여진 이름이다. 그러나 그

실록은 민족의 험난한 발자취와 운명을 같이해왔다. 때로는 불타고, 빼앗기고, 또 때로는 깊은 산속으로 숨어들고…. 그러나 수난을 이기고 이제 세계적 유산으로 살아남았다. 한 시절, 이 귀중한 보물을 간직하던 정족산 사고의 옛 모습이다.

곳의 오랜 역사와 신화적 흔적들을 더듬어보면, 단순한 지리적 해석을 넘어서는 깊은 비의秘意가 깃들어 있다는 생각이다. 자고로 임금이란 백성을 먹여 살려야 하는 것이 가장 중요한 책무로, 이를 상징하는 물건 중 하나가 밥 짓는 솥이었다. 다리가 세 개인 것도 태양, 즉 지존을 뜻하기 때문으로 마치 고구려의 상징인 삼족오의 다리 수를 연상시킨다. 이곳 일대에 그러한 상상력을 자극하는 흔적들은 한둘이 아니다. 오랜 옛날 단군 시절에 쌓았다는 삼랑성, 고려 임금의 임시 궁궐 자리인 가궐터, 왕비 정화 궁주가 옥등을 전했다는 전등사 등등 역사의 자취와 보물 같은 유적·유물들이 즐비하다.

삼랑성三郎城은 정족산성으로도 불린다. 길이는 2,300미터에 달하며 자연석을 이용해 쌓은 성이다. 정확한 축성 시기가 확인되지 않는 가운데, 단군왕검이 마니산 참성단에서 하늘에 제사를 지내러 왔다가 부루·부소·부여 등 세 아들로 하여금 축성하게 했다는 이야기가 전해온다. 이 성의 존재가 《고려사》《동국여지승람》 등 역대 문헌에 지속적으로 기록되어 오는 것을 보면, 왕조마다 외침을 방어하는 주요 방어 시설로 긴요하게 사용되었음을 알 수 있다. 특히 1866년 병인양요 당시 양헌수 장군이 침입해오는 프랑스군을 물리친 전승지로도 이름이 높다. 사실 이러한 방어가 없었던들 오늘날 그곳 사고에 있던 실록이 끝내 약탈당했을 것을 생각해보면 각별한 의미를 갖게 하는 장소다. 조선 후기 문신이었던 고재형은 자신의 문집 《심도기행沁都紀行》에서 '세상에 전하기를, 단군이 세 아들을 시켜서 한 봉우리씩 쌓게 하는데 하룻밤 만에 완공했다고 해서 삼랑성이라 불린다'고 소개하면서 다음과 같이 심경을 읊고 있다.

> 조루 위에 올라가 기우는 해를 바라보노라니 對潮樓上送斜陽
> 한차례 풍경 소리에 밤의 서늘함 다가오고 磬一聲中覺夜凉
> 본디 신선의 마음 있었으나 부처 생각 없었으되 自有仙心無佛念
> 달빛 가득한 산에서 단군 세 아들 꿈을 꾸노라 滿山明月夢三郞

한편, 가궐터는 고려 왕실이 몽고에 쫓겨 강화로 피난 와 있던 시절의 임시 궁궐 자리다. 당시 '고려 왕실이 곧 망할 것'이라는 흉흉한 민심을 달래기 위한 무기란, 고려인들의 정신세계를 지배하고 있던 불심과 많은 이들이 신봉하던 풍수도참의 활용이었다. 술사術士 백승현의 제안이 위력을 발휘한다. "법화경을 강론하시고 삼랑성 등에 궁궐을 짓는다면 영통한 효과가 나타날 것입니다." 그러나 고종은 얼마 후 승하했다. 뒤를 이은 원종 때는 몽고가 왕의 친조를 요구할 정도로 상황이 악화일로였다. 백승현의 진언이 한층 더 강해진다. "마니산에서 친히 제사하고 삼랑성과 신니동에 임시 궁궐을 지은 후, 해와 달을 비롯한 다섯 별들을 위한 기도五星道場를 마련한다면 오히려 큰 나라가 조공을 바치러 올 것입니다." 일은 그대로 진행되었고, 가궐에는 왕이 거처하지 않을 때도 평상시처럼 금침을 깔고 의복을 놓아두었다. 그러나 임금은 이내 강화를 나가 몽고 황제의 부마가 되고, 그곳 또한 적군에 의해 쑥대밭이 되었다.

전등사는 381년 지어져 현존하는 가장 오래된 사찰로, 기나긴 세월 동안 우리 민족의 영욕을 지켜본 목격자다. 중국 진나라 아도화상이 창건하고 당초 이름도 진종사였으나, 고려 충렬왕의 비였던 정화 궁주가 원나라에 인질로 잡혀간 남편의 무사귀환을 기원하며 옥등을 보시했다고 해 전등사傳燈寺로 불린다. '불법의 등불을 전했다'는 이른바 옥등설화다. 왕실의 오랜 수호사찰일 뿐 아니라 숱한 전란 속에서 정족산사고를 지켜내 오늘날까지 온전한 형태의《조선왕조실록》이 전해질 수 있도록 한 수훈자이기도 하다. 소중한 보물을 전하기는 정화 궁주나 전등사나 매한가지인 셈이다. 사실, 실록이 소장된 사고를 지킬 의무는 전등사에 있었다. 사찰 주지가 총책임자가 되고 나라에서 파견된 병력 50~60명과 승군 20여 명으로 구성된 수호 팀이 이를 맡고 있었던 것이다.

이들이 맡은 소임은 사고와 실록을 도난이나 탈취로부터 방비하는 데 그쳤다. 전례 사실에 대한 확인 작업인 '고출考出'이나 보관 상태의 점검 등은 별도의 관리들이 파견되어 이루어졌다. 이 경우에도 관련 사실을 정확하게 기록으로 남겼는데, 그만큼 실록에 대한 소중함이나 경외심이 특별했음을 보여주고 있다. 이러한 사례의 백미는 3년마다 행하는 '포쇄曝曬'다. 이는 사고에 저장된 실록을 바람에 말려 습기를 제거하고 부식과 충해도 방지함으로써 오랫동안 보존하기 위한 작업이다. 주로 봄과 가을 청명한 길일을 택했으며, 춘추관에서 파견된 사관이 담당했고, 실무 담당자인 포쇄별감까지 둘 정도로 철저했다. 포쇄 의식 또한 임금의 명을 받고 행차하는 일행을 해당 지역 지방관이 정중히 영접하는 등 매우 엄숙했다. 이러한 일련의 세세한 절차는 또다시 기록으로 남겼는데, 이것이 〈실록형지안〉이다. 여기에 참여한

《조선왕조실록》을 열람한 세부 기록이다 '.임금님 조서 받들고 말을 달려 / 재배 후 자물쇠 열고 포쇄를 하네 / 귀한 상자 서른여섯 개를 내놓으니 / 해가 중천에 이르렀는데 / 지나는 바람도 함께 책장을 열어젖히고 / 서적 속에서 스스로 시시비비 깨닫나니 (신정하, 숙종조 문신)

인사들로서는 임금도 마음대로 볼 수 없는 실록을 포쇄의 임무 덕분에 직접 보는 영광을 얻은 것이니 감회가 각별했음은 물론이다.

《조선왕조실록》은 우리 민족, 아니 세계 기록문화의 꽃이다. 거기에 담긴 6,400만 자에는 그만큼이나 많은 기쁨과 노여움, 서러움과 즐거움이 알알이 맺혀 있다. 지금도 살아 숨 쉬는 역사의 흔적이다. 그런데 왜 그들의 핏줄을 이은 오늘의 후예들은 정권이 바뀔 때마다 기록을 지웠느니, 감췄느니 소동이 끊이지 않는지 모를 일이다. 일찍이 세종께서 설파하셨다.

> "무릇 정치를 잘하려면 반드시 전 시대 치란治亂의 자취를 살펴야 한다. 또 그 자취를 보려면 역사의 기록을 바르게 상고해야 할 것이다
> 凡欲爲治/ 必觀前代治亂之迹/ 欲觀其迹/ 惟史籍是稽"

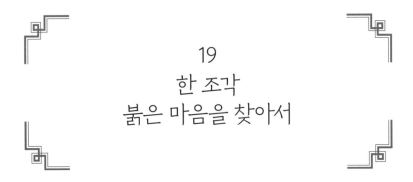

19
한 조각
붉은 마음을 찾아서

　우리 고전문학의 백미로 일컬어지는 《춘향전》은 《홍길동전》《심청전》과 더불어 한국인에게 지명도가 가장 높은 이야기책이다. 오랜 세월에 걸쳐 소설·만화는 물론, 신문·TV·라디오·영화·판소리·애니메이션 등 다양한 매체와 형태를 통해 알려져 오고 있는 가운데, 10여 개 언어로 번역되는가 하면 해외 뮤지컬 공연도 심심치 않게 이루어지고 있음을 본다. 영원한 베스트셀러이다 보니 이본異本도 70여 종에 달한다. 신분을 넘어선 사랑, 핍박받던 민초들의 카타르시스, 봉건사회에 대한 풍자, 그리고 무엇보다 변치 않는 오롯한 마음 등 다양한 메시지가 국적을 불문하고 많은 이들의 가슴에 다가선 요인이 아니었던가 싶다.

최근 들어서는 이몽룡이 실존 인물이었음을 밝히는 연구물까지 등장했음에도, 수백 년에 걸쳐 어디까지나 작자와 연대 미상의 소설로 받아들여져 왔던 것이 현실이다. 그러나 이와 아주 유사한 형태의 줄거리를 갖추었을 뿐만 아니라, 특정한 기록에 근거해 내려오는 사례도 더러 있다. 조선 영조 시절을 배경으로 하는 강원도 영월의 관기 경춘과 부사의 아들 이수학, 변 사또 격인 후임 부사 신광수 등의 실존 인물 이야기는 소설《춘향전》의 내용을 꼭 빼닮았다. 한편, 경기도 고양 지역에 전해오는 고구려 22대 안장왕과 백제 미녀 한주韓珠의 사랑이야기 또한《삼국사기》'고구려, 백제조'의 관련 기록에 근거하고 있다.

고구려·백제판 춘향전의 본산인 고봉현이 저 멀리 보인다. 안장왕과 한씨 미인의 재회 장면이 아른거린다. '임 향한 일편단심 가실 줄이 있으랴…'

고봉현은 본시 고구려의 달을성현이었으나, 경덕왕이 고봉으로 개명해 지금도 그대로 일컫는다… 왕봉현은 개백이라고도 하는데, 한씨 미녀가 안장왕을 만난 지방이므로 왕봉王逢이라 한다… 달을성현은 한씨가 높은 산마루에서 봉화를 피워 안장왕을 맞은 곳이라고 해서 후일 고봉高烽이라 불렀다.

1500여 년 전, 고구려 문자왕의 아들인 흥안 태자가 백제 개백현, 지금의 고양 지역에 잠입해 첩보활동을 하다 쫓기던 중 한씨네 저택으로 숨어든다. 며칠을 그곳에서 지내던 사이에 그 집 딸 한주와 사랑에 빠진다. 흥안은 고구려 귀환에 앞서 신분을 밝히고는 머지않아 왕비로 맞을 테니 기다려달라는 말을 남긴 후 돌아가 왕위에 오르니, 이가 안장왕이다.

한편, 개백현 태수는 한주의 미색에 대한 소문을 듣고는 청혼했으나 "이미 정인이 있다"며 거절당한다. 이에 한주를 옥에 가둔 후 온갖 협박을 했지만 요지부동이다. 세작을 통해 이러한 상황을 듣고 있던 안장왕은 "한주를 구해오면 금은보화와 벼슬을 내리겠다"고 천명하지만 누구도 엄두를 내지 못한다. 이때 장군 을밀이 나서 성공하면 자신이 연모하는 왕의 여동생을 달라고 제안해 허락을 받고는 결사대를 끌고 개백현으로 향한다.

마침 생일잔치를 벌이던 태수는 한주를 형틀에 묶고 "오늘도 거절하면 죽이겠다"는 최후통첩과 함께, 정혼자가 누구냐고 다그친다. 심한 매질과 함께 토설을 강요당하지만 한주는 말할 수 없다고 버티며 절규하듯 처절한 노래로 사방을 가득 채울 뿐이다.

이 몸이 죽고 죽어 일백 번 고쳐 죽어 此身死了死了 一百番更死了

백골이 진토되어 넋이라도 있고 없고 白骨爲塵土 魂魄有也無

임 향한 일편단심이야 가실 줄이 있으랴 向主一片丹心 寧有改理與之

극도로 화가 난 태수의 "저년을 죽여라"는 외마디에 맞추어 을밀 장군의 결사대가 들이닥쳐 한주를 구하고는 "빨리 고봉으로 가 봉화를 올리라"고 한 후 상황을 제압한다. 봉화가 피어오름과 동시에 대기하고 있던 안장왕은 군사를 이끌고 백제를 치고는 한주와 함께 돌아가 왕비로 맞는다는 해피엔드의 이야기다. 여기에서, 세월이 흘러 포은 정몽주가 죽기 전에 남겼다는 저 유명한 〈단심가丹心歌〉의 출처에 대한 논란이 시작된다.

단재 신채호는 《조선상고사》에서 노래의 원작자가 바로 백제의 미인 한주라고 주장한다. 이처럼 한주에게서 비롯된 노래가 이후로도 많은 사람들에게 기억되어왔고, 결국 포은이 고려 말 이방원과 서로의 심경을 주고받는 자리에서 〈하여가何如歌〉에 대한 답으로 이를 불렀다는 내용이다. 물론 영일 정씨 문중 등에서는 적극 반박하고 있는데, 누구에서 비롯되었든 한주의 마음이나 포은의 성정이나 오롯하기는 매한가지라는 생각이다.

고양 지역에는 한주 여인의 이러한 절개를 이어받은 또 하나의 애절한 이야기가 깃들어 있다. 신원동에 자리한 '의기義妓 강아 묘'가 그것이다. 조선 시대 가사문학의 최고봉으로 일컬어지는 송강 정철을 평생 따르다가 임진왜란 와중에 스스로 왜장의 애첩이 되어 수집된 첩보를 아군에게 지원하는 활동을 하기도 했다는 어떤 기녀의 무덤이다.

둘의 사연은 그 갈래가 많아 뭐라고 확정하기 어렵다. 그녀의 이름부터 진옥·자미·강아·소심 등 여럿인 데다 전라도 남원 또는 함경도 강계의 기녀였다는 등 내용이 사뭇 다르다. 하기야 당대에 8대 천민으로 불리던 기녀의 사연이 구체적으로 기록되었을 리도 없지만, 거문고와 시문에 뛰어난 예기藝妓였고 정철에 대한 연모의 정이 각별했다는 점만은 일치한다. 대략의 이야기는 이렇다.

정철은 마흔여덟 살이던 1583년 전라도 관찰사로 간다. 거기서 자신의 뒷수발을 하던 10대 초반의 진옥眞玉을 아껴 시문을 가르치고 머리를 올려준다. 얼마 후 정철이 한양으로 올라갔다가 권력의 소용돌이 속에서 함경도 강계로 유배되고, 이 소식을 들은 진옥이 수천 리 길을 찾아와 한동안 세상사를 잊고 회포를 나눈다. 그러나 임진왜란이 발발해 정철은 다시 한양으로 불려 올라간다. 그 무렵, 부인 유씨는 적소謫所에서 남편을 살뜰히 돌보던 진옥을 데려오도록 권유하지만 진옥은 이를 마다한다.

정철이 떠난 후 홀로 살아가던 중 어느 의병장의 제의에 따라 고니시 유키나가小西行長의 애첩으로 들어가고, 적의 동태를 아군에 알려 평양성 탈환에 혁혁한 공을 세우기도 한다.

유배에서 풀려난 정철은 몽진蒙塵, 임금이 난리를 피하여 안전한 곳으로 떠남하던 선조를 따르는가 하면 명나라 사신으로 활발한 활동도 했으나, 또다시 정쟁에 휘말려 강화로 쫓겨난다. 그곳에서 온갖 병마에 시달리며 폭음을 거듭하다가 쉰여덟 살에 생을 마감한다. 그 사이 진옥은 스스로 순결을 잃었다며 정철을 찾지도 못하고 불가에 입문해 비구니 '소심素心'

천하의 풍류객이었던 송강 정철과 줄곧 그의 여인으로 살았던 진옥이 결해 있는 모습이나, 실상은 수백 리 떨어진 곳에 나뉘어 있다. 누가 그녀의 애달픈 혼령을 위로할 것인가?

으로 살아가고 있었다. 정철의 사망 소식을 접하자, 그의 묘를 돌보며 기리는 등 정성을 다하다가 죽어서는 결국 정철의 곁에 묻힌다. 당시 법도로는 어림없는 일이었으나, 진옥의 갸륵한 마음을 높이 산 문중의 배려였다.

그러나 수십 년이 지나 우암 송시열의 권유에 따라 정철의 묘가 충북 진천으로 이장되면서 진옥은 또다시 홀로되어 오늘에 이른다. 뛰어난 시재詩才였던 진옥은 여러 시조 문헌에서 '송강첩'이나 '강아江娥'로 불린다. 통상 어느 지역 출신 기녀 혹은 기명妓名으로 표기되는 것과 사뭇 다르다. 죽어서도 영원히 송강 정철의 여인이라는 뜻이니 대단한 절개다.

의기 강아가 묻혀 있는 곳에서 그리 멀지 않은 대자산 기슭에는 고려 충절의 화신인 최영 장군의 묘가 자리하고 있다. 역사적으로 유명한 대장군과 한낱 기녀를 감히 견줄 수 없는 일일 수도 있겠으나, 충절이든 정절이든 나름의 정신적 가치를 지키기 위해 한결같은 마음을 품는 것이라는 의미에서는 우열을 가리기 어렵다는 생각이다.

최영의 가문은 대표적인 고려의 명문가였다. 1100여 년 전, 왕건이 후삼국을 통일한 후 공신당 담벼락에 건국 핵심 유공자 29명의 초상을 그려 기리게 하니 이를 '삼한 벽상공신'이라 하는데, 이들 중 상당수는 각 성씨의 시조가 된다.

이 중 동주 최씨의 시조 최준옹은 당시 고려 왕실과 혼인이 허용되는 15대 가문에도 오르는 영예를 누린다. 이렇게 화려하게 출발해 고려조에 일곱 명의 상신정승을 배출하는 등 대표적인 권문세족으로 자리 잡는다. 특히 시조로부터 11대손 되는 최영은 고려 말 우왕 때 이르러 오늘날 국무총리 격인 문하시중이자 임금의 장인으로 조정을 좌지우지하기에 이른다. 우왕 시절, 최영에 대한 임금의 신임이 얼마나 절대적이었는지는 임금의 교서(1380년)를 보면 잘 나타나 있다.

> 충성을 다하고 의로움을 떨쳐 임금의 자리를 높이고 백성을 안심하게 하니 재상 중 참 재상이로다… 경이 혹 죄를 짓고 이것이 아홉 번에 이른다 해도 벌하지 않을 것이요, 열 번에 이르러도 안 할 것이며 자손 또한 그리할 것이니 후대에 임금과 신하들도 내 뜻을 명심하고 전하도록 할지어다.

최영은 고려 말기 왜구·홍건적 등의 준동이 극심하던 시절 120여 차례 크고 작은 전투에서 전승을 기록한 맹장인 데다, 어지러운 조정을 오로지 구국의 일념으로 공평무사하게 이끈 명재상이었다. 그러나

1388년 위화도회군 이후 73세의 최영은 반역 및 요동 공격 죄로 처단당한다. 참으로 궁색하게 뒤집어씌운 죄와 벌이었다. 이성계 일파에 의해 압송되던 날 개성 시장들이 일제히 철시했으며, 처형된 후 시신 옆을 지날 때는 사람들이 모두 말에서 내려 예를 표했을 정도였다. 하지만 조선 조정에 의해 낙인찍힌 반역의 굴레는 오래 지속되었다.

이러한 최영을 새롭게 조명한 사람은 단재 신채호다. 그는 대한제국 시절, 국민의 애국심을 일깨우기 위해 을지문덕·이순신·최영을 외세로부터 나라와 민족을 지켜낸 3대 영웅으로 부각시켰고, 이를 필두로 많은 사학자들이 잇따라 최영을 예찬하기에 이른다. 이 중 민족주의 사학자 문일평은 1927년 〈별건곤〉에 게재된 '반역죄로 원사寃死한 최영 장군' 제하의 글에서 다음과 같이 설파한다.

세상에 성패로써 인물을 평하지 못할 것은 최영과 태조에 의하야 더욱 그렇다. 성할수록 인격이 도리어 적어지기도 하고 패할수록 인격이 오히려 커지기도 한다. 최영과 같은 이는 실패한 대인격자이다. 조선 역사를 통하야 조선 민족이 가진 가장 귀중한 국보의 하나다.

이처럼 최영의 참모습이 새로이 부각되면서 세간에 널리 회자되는 것은 그의 강직하고도 청렴한 성품을 각인시킨 '견금여석見金如石'이라는 교훈과 함께, 이른바 '붉은 무덤赤墳, 紅墳'에 관한 논란이다. 잘 알려진 대로 최영은 지금까지도 청백리의 표상이 되어오고 있는데, 그의 이러한 성품은 집안의 내력이었고 특히, 신채호가 《최도통전》에서 규정한 대로 감찰 관리인 사헌규정을 지낸 아버지 최원직으로부터 철저히 교육받은 결과였다. 오늘날까지 전해지는 "황금 보기를 돌같이 하라"는 언명言明도 '출장입상出將入相', 즉 장수로 출발해 재상이 되는 동안 아버지의 유훈을 큰 띠에 새겨 평생 몸에 지니고 다닌 데서 유래했다.

그의 무덤은 자신이 처형되기에 앞서 고려에 대한 변함없는 충성을 다짐하면서 호언했듯이 내내 붉은 묘의 형태로 남아, 16세기 편찬된 《신증동국여지승람》에도 '무덤에는 아직까지 풀이 자라지 않는다'고 기록되었다. 그러나 조선조가 막을 내린 이후 후손들이 지극 정성으로 가꾼 결과였는지 지난 1976년부터는 풀이 파랗게 돋고 있어, 세간에서는 "이제야 장군의 원한이 풀렸나 보다"고 말하고 있다. 세상에 전하기로, 조선 시대 내내 최영 장군의 가문인 동주 최씨들은 벼슬길에 오르지 않았음은 물론이요, 정몽주의 영일 정씨처럼 '족보에 전주 이씨 배우자가 없었다'고 하니, 그 오랜 세월 동안 켜켜이 쌓인 한의 깊이가 어느 정도였는지 가늠해볼 수 있을 것 같다.

일각에서는 그의 비타협과 외골수적인 기질에 대해 지적하기도 한다. 《고려사절요》는 '참형에 앞서 말하기를 평생 나쁜 짓을 한 일이 없으나, 임견미와 염흥방을 권력 남용죄 등으로 죽인 것은 지나쳤다고 고백했다'고 기록한다. 그럼에도 최영은 나라의 큰 영웅으로 떠받들어져 전국 곳곳에 사당이 세워진다. 고려의 수도였던 개성의 덕물산 사당에서는 2년마다 3월에 도당 굿이 벌어지곤 했다. 전국의 내로라하는 큰 무당들과 사당패·기생들까지 참여한 가운데 펼쳐지는 한마당 축제였다. 여기서 최영은 단연 스타였다. 오늘날에는 무속인들이 모시는 이른바 '몸신' 중 대표적인 인물로 받들어지는 가운데, 그의 영험함과 원한과 충절을 상징하는 여러 설화도 함께 전승되어 온다.

강원도 영월군 상동읍 내덕리에는 단종을 서낭신으로 모시고, 덕구리에서는 최영 장군을 모시고 있는데, 두 마을의 서낭기가 마주치면 최영 장군을 모시는 깃봉이 저절로 부러지는 일이 빈번했다고 한다. 이는 충신인 장군이 임금에게는 스스로 고개를 숙이려는 충성스러운 마음 때문이라고 전해온다.

다시 최영 장군의 묘가 있는 고양으로 돌아가보자. 고양의 한강 변 벼랑 위에 자리한 행주산성은 조선사 최대의 전란인 임진왜란에서 조국을 누란의 위기로부터 구해낸 역사 현장이다. 전쟁이 발발한 지 20여 일 만에 왜군이 도성을 점령했고 임금은 의주까지 피난을 가서 여차하면 중국으로 망명까지 고민하는 등 전전긍긍하는 상황이었다. 이 때 행주산성에서의 승리는 밀리기만 하던 전세를 일거에 뒤집고 조선군에게 '이길 수 있다'는 자신감을 불어넣어 준 쾌거였다.

불과 2,300여 명의 관군에 인근 지역 백성까지 총동원되어 3만여 명의 적군을 막아낸 일대 사건을 역사는 행주대첩이라 부른다. 물론 여기에는 일본의 조총에 맞서 우수한 성능의 화포를 배치하는 등 철저한 사전 준비가 주효했다. 거기에 권율 장군의 뛰어난 지략과 탁월

정선의 〈행호관어도〉. 왕실 진상품으로 그 맛이 특별하다는 웅어(葦魚)잡이 배 모습이 여유롭다. 그러나 세월이 흘러 그 아름답던 행주 일대는 권율 장군의 호쾌한 대첩과 일제강점기 유일한 선상 만세 시위로만 기억되고 있다.

한 리더십, 그리고 뜨거운 물과 투석용 돌까지 동원해 결사항전에 나선 민관군의 총력전이었기에 가능한 일이었다. 이때 부녀자들까지 나서 치마로 돌을 날랐다고 해서 '행주치마'의 유래설이 나오는 가운데, 이는 이미 임진왜란이 발발하기 50~60년 전 문헌인《사서통해》《훈몽자회》에 기록된 치마 형태라는 등 반론도 제기된다. 중요한 것은 그에 대한 시시비비가 아니다. 선열들의 불타오르던 구국의 일념이다.

지휘관이던 권율은 조선 개국공신 권근의 후손이요, 영의정을 지낸 권철의 막내아들이다. 그러나 불혹의 나이가 되도록 글공부는 뒷전인 채, 사람들과 어울려 여러 곳으로 여행을 다니거나 천문지리에 심취하는 등 한량 끼 다분한 풍류객이었다. 주변에서 과거를 보든지 음서로라도 벼슬길에 나가라며 걱정하자, "옛날 강태공은 나이 여든에 현달해 천하를 경영했는데, 그 반밖에 안 된 내가 뭘 걱정이냐"고 반박하는 여유까지 부렸다. 그랬던 그가 달라진 것은 아버지가 임종 직전 자신을 하염없이 바라보며 남긴 말 한마디 때문이었다고 전한다. "내가 너를 낳았구나."

탈상 후 뒤늦게 공부에 매달려 마흔다섯 살에 과거에 급제하니, 당대의 합격자 평균 나이보다 10여 년은 뒤진 셈이요, 사위인 백사 이항복보다도 2년 뒤였다. 그러나 민족의 최대 위기를 맞아서는 "국가가 위급하니 신하로서 죽을 때다"라며 결연하게 전장에 나서 수많은 전공으로 조선군 총사령관인 도원수에 올라 나라를 구했으니, 아버지가 임종 직전에 남긴 마지막 말의 참뜻은 자식인 권율이 결국 나라를 구할 것이라는 예언이 아니었을까 싶다. 명나라 군진에서 자국 황제에게 보낸 장계의 일부다.

오로지 전라 관찰사 권율은 외로운 성을 굳게 지키며 무리를 모으고 여러 번 신기한 계책을 내어 대적大敵에게 대항해 싸웠으니, 왕국의 사직을 지탱한 충신이요 중흥의 명장이라 하겠습니다.

고양에 가면, 잠시 뜨거웠다가 이내 식어버리는 오늘의 염량세태炎凉世態 속에서도 갈수록 빛을 발하는 영혼을 만날 수 있다. 햇볕에 바래 역사가 되고, 달빛에 물들어 신화가 된 이야기들이다. 고봉산에 오르면 백제 미녀 한주의 봉화 불빛이 보이고, 송강 마을 언저리에서는 진옥의 거문고 소리 들리며, 대자산 한편의 수십 계단을 넘어서면 최영 장군의 날 선 칼이 번뜩인다. 그리고 한강 변 벼랑 위 행주산성에는 돌 나르는 무명 치마의 물결과 구국의 함성이 쟁쟁하다. 그때 그 모습 그대로다. 오랜 시간의 때가 잔뜩 묻어 있지만 이는 별문제가 아니다.

한 조각 붉은 마음, 일편단심의 향기는 세월이 제아무리 흘러도 여전히 감미롭고 큰 울림이다.

20
승자의 미소,
패자의 눈물

경기도 연천군은 매년 숭의전崇義殿에서 개성 왕씨 중앙종친회 주관으로 고려 태조, 현종, 문종, 원종 등 네 왕에게 제를 올리는 '숭의전 춘계대제'를 개최한다. 여기에는 개성 왕씨 종친회 회원들과 각지에서 모인 공신 후손들이 참가한다. 숭의전은 한국전쟁의 참화로 전소된 이후 문화재청과 연천군 주관으로 1970년대부터 현재의 모습으로 복원되어 사적 제223호로 지정되었다.

한편 문화재청과 한국문화재재단이 공동 주최하는 종묘대제 또한 매년 종묘 정전에서 거행된다. 종묘宗廟는 한국 고유의 건축양식과 경관의 가치를 인정받아 1995년 유네스코 세계문화유산으로 등재되었으며, 종묘제례와 종묘제례악은 2001년 인류무형문화유산에 올랐다.

종묘대제는 유형과 무형의 세계유산을 동시에 감상할 수 있는 드문 자리이며, 제례뿐 아니라 음악과 춤이 함께 어우러진 종합예술로 세계인의 찬사를 받고 있다.

이처럼 고려와 조선 임금들의 신위를 모신 사당은 지금까지도 그 전통을 유지해오고 있다. 조선의 사당인 종묘야 매우 유명하고 세계문화유산으로까지 등재되어 내국인은 물론 외국인의 발길도 이어진다. 이와 달리, 고려의 사당은 많은 이들에게서 "그런 데도 있냐?"는 반문이 나올 정도로 인지도가 낮고 이름마저 생소한 숭의전이다. 각각의 행사도 그 느낌이 사뭇 다르다. 참석 인원만 해도 종묘대제는 평균 수만 명에 달하는 반면 숭의전 춘계대제는 종친회 등으로 이루어진 수백 명에 불과하다.

물론 고려와 조선이라는 시간의 원근에다, 종묘가 서울의 종로통에 위치한 것과 달리, 숭의전은 툭하면 총성과 사이렌이 들리는 경기도 최북단의 연천에 자리한 이유도 있다. 그러나 그 내력을 따라가 보면 역사의 승자와 패자의 논리도 적잖이 반영되어 있음을 볼 수 있다.

연천의 숭의전은 한마디로 고려의 종묘다. 조선의 태조 이성계가 역성혁명을 통해 새 왕조를 개창한 후 고려 임금들을 제사하는 시설을 갖추도록 명해 사당이 세워졌다. 문종 대에 이르러서는 여기에 숭의전이라는 공식 전호를 하사하되, 제사를 받드는 대상을 당초 여덟 왕에서 태조·현종·문종·원종 등 네 명으로 축소한다. 이는 당시 조선의 종묘에 안치된 다섯 명보다 많아서는 곤란하다는 점

고려 숭의전(상)과 조선 종묘(하)의 모습. 개성 왕씨 한 문중이 주관하는 제례가 국가 차원에서 벌어지는 의식과 같을 수는 없다. 양대 왕조 임금들의 위패를 모신 사당의 스케일도 그러하거니와 제례 시 참석자들의 인원과 언론의 관심 또한 사뭇 다르다. 역사적 승자의 미소와 패자의 눈물이 오버랩되는 형국이다.

을 고려한 것이다.

　다만 고려 임금들과 더불어 신숭겸·정몽주 등 고려의 충신 15명의 위패도 함께 배향하도록 하고, 충남 공주 왕촌마을에 숨어 살던 왕순례라는 왕가 후손을 찾아내 모든 관리를 맡기는 한편, 숭의전이 위치한 마전현을 군郡으로 승격시키는 등 특별 배려한다. 이 숭의전은 당초 왕건의 원찰이었던 앙암사仰巖寺를 폐사하고 세워진 것이었는데, 이중환이 쓴《택리지》에서는 그 내력을 다음과 같이 전하고 있다.

태조가 즉위한 후 고려 마지막 왕인 공양왕을 관동 지역으로 쫓아 보냈다. 그 후 왕씨의 태묘太廟를 헐어내고, 태조의 위패는 큰 배에 실어 임진강에 띄워 보냈다. 그 배는 스스로 거슬러 올라와 마전현의 강가에 있는 절 앞에 다다랐는데 사람들이 이를 보고는 관에 알려왔다. 태조는 그 절의 불상을 옮기고 그 자리에 위패를 봉안하도록 한 후 이름을 '숭의전'이라 부르며, 왕씨 후손으로 하여금 이를 관리하는 임무를 맡기고자 했다.

사실 시대를 불문하고 정권 교체기에 전 시대의 지배층이 희생당하는 사례는 비일비재하다. 17세기 청나라 건국 후 명나라 황족인 주씨 일가를 멸족시켜가는 과정이나 18세기 프랑스 혁명이 성공하면서 부르봉 왕조의 왕족들이 대거 학살된 것도 그렇고, 20세기 러시아 혁명과 함께 황제 일가를 비롯해 수많은 황족들이 참형되는 등, 이런 사례는 세계적으로 꼬리를 물었다. 요컨대, 전 왕조에 대한 숙청이 그리 특이한 일이 아닐 수도 있다. 그러나 조선이 들어선 이후 벌어진 형태는 개성 왕씨 전체를 겨냥한 광범위하고 전방위적인 것으로 유례를 찾기 힘들다.

또 이러한 '고려 흔적 지우기'에 나서는 과정에서 일부 관리의 충성 경쟁까지 불붙어 잔혹함이 가속화되곤 했다. 우선 고려 왕실 종친의 씨를 말리기 위한 멸족 조치가 단행되는데, 이들에게 섬으로 옮겨 살게 한다며 큰 배에 태워 바다에 띄운 다음 밑바닥에 구멍을 뚫어 수장시키거나, 대대적인 왕씨 색출 작전을 벌여 처형한다. 여기서도 살아 남아 있을 왕씨들을 겨냥한 방이 곳곳에 붙는다. '고려조에서 왕씨 성을 하사받은 사람은 본래의 성씨로 돌아가고 왕족이 아닌 경우는 어머니의 성을 따르라.'

그 결과 많은 왕씨들은 깊은 산속으로 도망가 숨어 살며 글자 속에 왕王자가 들어간 마馬·전全·차車·옥玉씨 등으로 성을 고쳐 살았다. 한편, 개성 출신은 100년간 과거에 응시하지 못하도록 해 그 후손들은 아예 공부를 포기한 채 장사를 생업으로 삼음으로써, '개성상인'이라는 독특한 브랜드와 유명세를 키운 하나의 요인으로 작용했다는 해석이 나오기도 한다.

지금이야 조소를 금치 못할 일이겠으나, 이러한 결과의 중요한 실마리를 제공한 데는 어이없게도 한 점쟁이의 점괘에 얽힌 사연이 자리하고 있다. 고려가 망하고 마지막 임금이었던 공양왕이 강원도로 유배된 가운데, 앞으로 어떤 상황이 전개될지는 누구에게나 초미의 관심사였다. 이때 부산 지역의 일부 지방 관리들이 밀양에 있던 장님 이홍무를 찾아가 폐위된 공양왕과 이성계 중 누구의 신수가 더 좋은지 물었다. "공양왕이 섬으로 들어가 3년이 지난 뒤에는 반드시 나오게 될 것이고, 47세 무렵에는 장수가 되어 군사를 거느려 다시 세상을 바꿀 신수다."

곳곳에 깔려 있던 첩보원들을 통해 이러한 사실이 보고되자 가뜩이나 꿈틀대던 반혁명 기운과 맞물려 역모의 굴레가 씌워진다. 일대

광풍이 몰아쳐, 공양왕을 삼척의 '살해재'에서 처단함은 물론 고려 왕실의 연결 고리들에 대한 싹쓸이가 진행된 것이다.

그러나 이러한 살육의 피바람이 거세질수록 이성계의 심사는 몹시 불안해진다. 왜 아니겠는가. 아무리 수많은 전장을 누비고 화려한 전적을 세운 무장이라도, 자신 역시 얼마 전까지 고려 왕조의 일개 신하에 다름 아니었다. 더구나 상관이던 최영 장군의 풀 돋지 않는 붉은 무덤, 선죽교에 남아 있는 정몽주의 선연한 핏자국, 우왕·창왕을 신돈의 자식이라고 몰아붙이고 공양왕을 '덕이 부족하다'는 궁색한 죄목으로 처단한 기억에서 잠시라도 벗어나고 싶었을 것이다. 또한 조선 건국 이후 개경에 있던 고려의 종묘를 철거해 475년을 이어온 혼까지 말살시킨 차였다.

밤마다 악몽에 시달리던 그즈음, 급기야 꿈속에서 태조 왕건의 준엄한 질책과 섬찟한 경고까지 받은 상태이니 그 영령들을 달래기 위해 무엇이든 위무책을 내놓아야 했다. 숭의전 탄생의 진짜 이유가 보이는 듯하다. 《연려실기술》에 실려 전하는 기록이다.

왕씨들을 바닷속에 빠뜨려 죽인 뒤 이성계의 꿈에 왕의 예복인 칠장지복七章之服을 입은 왕건이 나타나 분기를 품고 말하기를 "내가 삼한을 통합해 이 백성에게 공이 있거늘 네가 내 자손들을 멸했으니, 오래지 않아 보복이 있을 것이다. 똑바로 알아두어라" 하니, 태조가 놀라 깨었다.

신라의 마지막 왕 경순왕의 묘. 천년 왕조의 문을 닫았던 그의 본심과 행태는 지금도 미스터리다. 그저 왕의 자리를 감당하지 못한 못난 임금인가? 백성의 환란을 우려해 스스로 죄인이 된 애민 군주인가? 당대 역사의 무게를 어림할 수 없는 내가 섣불리 판단할 일은 아닐 듯싶다.

　　역사란 참으로 요지경 속이다. 이처럼 이성계의 꿈속에 나타나 호령하던 왕건에 의해 패망한 군주 또한 숭의전에서 지척인 이곳 연천 땅에 자리하고 있으니, 승자의 미소와 패자의 눈물이 교차하는 형국이다. 신라의 마지막 임금이던 경순왕릉을 이르는 말이다. 왕릉이라고 하기에 부끄러울 지경으로 그저 웬만한 조선 사대부의 묘 정도다. 크기가 왜소함은 물론, 머리에는 '지뢰지대'라고 쓰인 철조망을 이고 있고, 혼유석·양석·장명등·망부석 등 몇 가지 석물만이 쓸쓸히 자리를 지키고 있을 뿐이다.

더구나 '경순대왕지릉' 이라 쓰인 비석에는 한국전쟁의 와중에서 생긴 총탄 자국이 군데군데 남아 있어 모진 세월과 풍상을 가늠하게 한다. 신라의 임금이었으니 그 묘가 경주에 있든지, 아니면 망국되고도 고려 조정에서 벼슬하며 43년이나 더 살았으므로 개경에 있든지 할일인데, 이곳 연천에 남아 있는 이유가 적이 궁금하다.

널리 알려진 대로, 경순왕은 통일신라 말기에 후백제의 견훤이 포석정에서 경애왕을 도륙하고 세운 허수아비 임금이다. 계속되는 견훤의 폭압에 견디지 못해 급기야 935년 스스로 고려의 왕건에게 천년사직을 바친 것으로 《삼국사기》는 기록하고 있다. 항복한 뒤에는 개경으로 가서 왕건의 부마이자 태자 윗자리의 벼슬과 함께 경주를 통치하는 사심관이 되어 43년이나 더 살다가 죽었다는 것이 《고려사》의 내용이다. 사망한 뒤 개경에 살던 신라 유민들에 의해 시신을 경주로 모시기 위한 30여 리의 운구 행렬이 이어지던 중 고려 조정이 급히 만든 '왕릉은 개경에서 100리를 벗어날 수 없다'는 방침에 막힌다. 자칫 경주 지역의 민심 동요 등을 우려한 결과였다. 결국 역대 신라 왕으로는 유일하게 경주가 아닌 이곳 연천 지역에 묻혔다.

오랜 세월 속에서 그 존재 자체가 잊혔다가 770여 년 후인 조선 영조 때 이르러 재발견되어 묘비가 세워지는 등 지금의 모습을 하게 되니, 1000년을 넘는 이야기다. 왕릉 옆에 자리한 신도비를 찾아낸 사연이 흥미롭다. 1970년대, 인근 중학교 교장이 마을에서 빨래판으로 쓰고 있던 비를 예사롭지 않게 여겨 확인하게 되었다고 하니 그의 안목이 특별하다.

사실, 935년 경순왕이 고려에 항복한 것을 두고 역사의 평가가 갈린다. 일국의 제왕으로서 비겁한 행동이었고 결국 개경으로 가 자신만 호의호식했다는 등 냉소적인 반응이 나오는가 하면, 당시 겨우 사직만 보존하고 있던 신라로서는 더 버텨봐야 백성만 곤경에 처할 것이 뻔했기에 평화적 권력 이양이 불가피했다는 옹호론도 나온다. 정사의 기록으로 고려에 의해 쓰인 《삼국사기》는 당연히 두둔하는 입장이다.

> 고립되고 위태로움이 이와 같아서 더는 나라를 보전할 수 없다. 이미 강하지도 또 약하지도 않지만 무고한 백성의 간과 뇌가 길에 떨어지게 하는 것만은 차마 할 수 없는 일이다. 이내 시랑 김봉휴로 하여금 편지를 가지고 가서 태조에게 항복을 청하도록 했다.

경순왕의 이러한 고뇌에 찬 결단을 위로나 하듯, 오늘날에도 많은 무속인들에 의해 몸신으로 받들어지고 있는 가운데, 경북 경주·경남 하동·충남 보령·강원 원주 등지에는 그를 기리는 사당이 존치되어 있다.

이러한 경순왕의 처사에 대한 비판적 입장은 대부분 당시 태자가 보여준 결기를 예찬하는 것과 맞물려 있다. 그리고 이것이 사실상 신라의 망국을 둘러싼 이야기와 관련해 정작 당사자인 경순왕보다 속칭 마의 태자로 불리는 김일의 처신과 행적이 세인들에게 더 큰 관심거리가 되는 이유이기도 하다. 그러나 《삼국사기》는 이에 관해 '왕자는 아버지가 항복의 뜻을 표하자 통곡하면서 하직 인사를 하고 개골산으로 들어가, 바위 아래 집 짓고 삼베옷 걸친 채 풀을 먹으며 일생을 마쳤다'는 정도로 맥없이 묘사하고 있다. 이는 소설·영화 등 각종 매체를 통해 많은 이들에게 각인되었고, 특히 일제에 의해 조선인은 그렇게 '나약한 존재'라는 이미지로 세뇌시키는 정치적 재료로도 악용되었다. 여기에 대해 직접 반론을 제기한 글이 육당 최남선이 1927년 금강산 유적들을 둘러보고 쓴 《금강예찬》이다.

> 신라 태자의 유적이라는 것이 전설적 감흥을 깊게는 하지만, 역사적 진실과는 다르다. 세상만사를 다 끊고 깊은 산골에 들어온 태자라면, 성이니 대궐이니 하는 것이 무슨 소용이 있었겠는가? 이는 다 부족국가였던 예국 때의 천제단天祭壇이요, 그 성역의 표시에 다름 아니다. 결국 금강산에 있다는 마의 태자 유적지는 후대에 조작된 가짜에 지나지 않는다.

근래에 들어서는 이를 뒷받침하는 연구물이나 기록도 심심치 않게 등장한다. 그것들이 지적하는 내용의 공통점은 마의 태자의 경우 금강산으로 가 통탄만 하다 죽은 것이 아니고, 자신을 따르던 문·무 귀족들과 함께 '신라소국'을 세우고 상당 기간 항려抗麗 운동, 즉 고려에 대항하는 전쟁을 벌이다가 결국 북방으로 이동했으며 급기야는 여진

족을 통합해 금나라의 기반이 되었다는 내용이다. 이런 기록의 사실성을 높이는 중국 측 기록도 여럿이다. 《흠정만주원류고》는 이에 관해 '사서를 보니 신라 왕실인 김씨가 수십 세대를 이어왔고 금이 신라로부터 온 것은 의심할 바 없다. 금나라 국호 또한 김씨 성을 취한 것이다'고 하며, 《송막기문》에서는 '여진의 추장은 신라에서 온 사람이고 '완안'이라 불렸는데, 이는 중국말로 왕을 의미하는 것이다'고 적고 있다.

여기서 마의 태자 일행의 국내 항려 운동 전진기지로 거론되는 곳은 설악산 기슭인 강원도 인제 지역이다. 현재 그곳은 행정구역 명칭부터가 상남면 김부리金富里인 데다, 후손을 자처하는 부안 김씨들이 주기적으로 찾아와 마의 태자를 기리는 사당 '김부대왕각'도 자리하고 있다. 문제가 되는 것은 '김부'라는 이름이다. 본래 경순왕의 휘諱가 바로 김부金傅이고 마의 태자는 김일金鎰이다. 그러나 신라식 향찰표기법에 따라 음과 훈을 맞출 경우에는 '鎰=溢=富'가 되니, 결국 이곳의 지명인 김부리는 마의 태자를 지칭하는 셈이다.

마의 태자가 이렇게 자신의 아버지 이름을 빌려 쓰게 된 배경에 관해서도 의견이 분분한 가운데, 경순왕이 고려에 투항하면서도 마의 태자에게는 "신라 부흥에 나서라"는 밀명을 주었기에 이를 받드는 차원이라는 견해도 유력하게 나온다. 19세기 실학자 이규경이 편찬한 《오주연문장전산고》의 '김부대왕 변증설'에서 이에 관해 소상히 적고 있는데, 김부대왕을 마의 태자가 아닌 경순왕으로 여기고 있다.

그러나 경순왕이 이곳에 들렀던 사실이 밝혀진 바 없음을 고려하면, 이규경이 현지답사를 하지 못한 채 지명만 보고 잘못 판단한 것이 아닌가 싶다.

관동의 인제현에는 신라 경순왕이 머물던 곳이 있어 '김부대왕동'이라 칭한다. 읍지에는 이와 관련한 많은 사적이 있다고 적고 있다. 경순왕은 고려에 항복한 신라 왕 김부를 말하는 것이다 按關東麟蹄縣有新羅敬順王所居之地 因名金溥大王洞 邑誌多有事蹟 而敬順卽新羅降王金溥也.

인제 지역의 외딴 산자락에 자리한 김부대왕(마의 태자)유적지비와 대왕각이다. 해마다 한 차례 봉행되는 종친회 주관의 추모행사 때나 되어야 사람들의 발길이 닿을 뿐, 평소에는 고즈넉하다 못해 스산한 분위기다.

이로부터 다시 400~500여 년을 거슬러 오르면 고구려·백제·신라의 치열했던 쟁패전을 만날 수 있다. 그 시절, 가장 강성했던 나라는 고구려다. 당시 고구려의 최남단 방어선이 이곳 연천의 임진강이었다. 의당 이곳에 남쪽의 공격을 막기 위한 보루들이 강변을 따라 만들어지니, 당포성·은대리성·호로고루성이 그것이다. 이 중 당대에 가장 중요한 역할을 했고 지금도 그 자취가 우뚝한 것이 이름도 익숙하지 않은 호로고루瓠瀘古壘 성터로, 남한에 남아 있는 고구려 흔적으로는 몇 안 되는 장소 중 하나다.

임진강 하류에서 배를 타지 않고 건널 수 있는 지점인 만큼 각국의 주요 전장으로《삼국사기》에 종종 나오는 표로하 전투의 현장이 이곳을 가리킨다. 고구려가 나제 연합군에 맞서고, 다시 신라가 당나라 군대를 방어하고, 한국전쟁 당시에는 북한군 전차부대가 건너기도 하면서 승자와 패자가 거듭 바뀌었던 역사의 현장이다.

근처에는 세종 대왕과 더불어 우리 역사에서 스스럼없이 대왕으로 지칭되는 광개토 대왕비가 자리하고 있는데, 물론 모형이다. 지난 2002년 북한에서 남북 문화교류 협력의 명목으로 국내에 전달하고, 다시 고구려의 자취가 가장 많이 남아 있는 연천군에 기증한 것이다.

얼마 전 전국 인문학 마니아 32명을 대상으로 중국 만주 지역 탐방을 진행했다. 고구려 국내성에서 일행은 당시 동양의 피라미드라는 장수왕릉과 6미터를 훌쩍 넘는 광개토 대왕비의 거대함에 압도되었고, 오랫동안 듣고 읽기만 해오던 우리의 호쾌한 북방 역사를 특별한 감흥으로 맞이했다. 그러나 유리로 된 비각으로 둘러쳐진 광개토 대왕비에는 접근이 금지된다. 한민족 사람들에게는 크나큰 자긍심으로 여겨지는 제왕의 혼령을 그저 멀찌감치 떨어져서 바라다볼 수밖에 없다. 안타깝기도, 억울하기도 한 묘한 기분이었다.

더구나, 국내성과 짝을 이루는 인근 지역의 환도산성에서는 당혹스러운 일까지 겪었다. 공안이 아예 처음부터 따라다니며 감시하더니

비바람과 폭설에 노출되어 있을지라도 자유로이 만지고 살필 수 있던 100여 년 전의 광개토 대왕비(상)보다는, 화려한 비각 안에 갇힌 채 출입이 금지되어 한낱 관상용으로 전시되어 있는 오늘의 호태왕비(하)가 더욱 외롭고 쓸쓸한 느낌이다.

탐방객들이 들고 있던 자료집을 보고는 "관광은 하되, 공부하는 것은 안 된다"며 구경만 하란다. 과거가 어찌 되었든 간에 현재의 중국 땅에서 일어난 일은 모두 중국 역사라는 '동북공정'의 실체를 몸소 느끼는 순간이었다. 영토란 지켜야지 뺏기면 남의 것이다.

역사는 승자의 기록이라던가, 패자는 유구무언이다. 연천 지역을 돌아보던 중 들려오던 총성과 사이렌 소리가 귓전에 쟁쟁하다. 북녘이 지척이다.

주요 참고문헌 및 자료

《가고시마를 찾아서》 이달우, 공주대출판부, 2012년

《격암유록》 남사고, 조선 중기

《경기도 바로 알기》 경기도, 도서출판 우일, 2008년

《고려도경》 서긍

《고려사》 김종서 · 정인지 · 이선제 외

《고려사절요》 김종서 · 정인지 · 이선제 외

《고려왕조실록》 백영규, 들녘, 1996년

《구황촬요》

《규합총서》 빙허각 이씨

《그리스 · 로마 신화》 이영조 편, 태운문화사, 1968년

《근대의 노래와 아리랑》 김시업, 소명출판, 2009년

《나의 문화유산답사기》(중부편) 유홍준, 창비, 2016년

《대동야승》 성현 등

《대한제국 멸망사》 헐버트 B·H 저, 신복룡 역, 집문당, 2006년

《동국세시기》 홍석모

《동의보감》 허준

《땅에 새겨진 문화유산》 김기빈, 한국토지공사, 2006년

《매천야록》 황현, 교문사, 1996년

《명심보감》 추적

《목민심서》 정약용, 조선 후기

《무궁화 선비 남궁억》 KIATS 엮음, 2010년

《무엇이 우리를 한국인이게 하는가》 이규태, 이목, 1992년

《배움도 깨달음도 길 위에 있다》 홍인희 외, 교보문고, 2014년

《백두대간》 조관형, 동우출판, 2009년

《사기》사마천

《산해경》정재서 역주, 민음사, 1996년

《산해경 역서》서경호 외, 안티쿠스, 2008년

《삼국사기》김부식 외

《삼국유사》일연

《삼국지》진수

《서울 육백년사》서울시사편찬위, 2006년

《서울의 하천》서울시사편찬위, 2000년

《성호사설》이익, 조선 후기

《세상을 바꾼 여인들》이덕일, 옥당, 2009년

《송와잡설》이기, 조선 중기

《신증동국여지승람》이행 외

《승정원일기》

《신봉승의 조선사 나들이》신봉승, 도서출판 답게, 1996년

《어우야담》유몽인

《여인, 시대를 품다》이은식, 2010년

《역사인물 기행》황원갑, 한국일보사, 1988년

《역주 원고려기사》여원관계사 연구팀, 선인, 2008년

《연려실기술》이긍익

《오주연문장전산고》이규경, 조선 후기

《우리민속 아흔아홉 마당》김재일, 한림미디어, 1997년

《우리 산하에 인문학을 입히다》홍인희, 교보문고, 2011년

《우리 산하에 인문학을 입히다: 두 번째 이야기》홍인희, 교보문고, 2013년

《우리 옛 도자기의 아름다움》윤용이, 돌베개, 2007년

《유배지에서 보낸 편지》박석무, 창비, 1991년

《이야기 우리문화》김진섭, 지성사, 2016년

《인문의 향기》홍인희, 원주문화재단, 2018년

《인물의 고향》중앙일보사, 1991년

《인문학 길 위를 걷다》 김치경, 개미, 2015년

《인문학 명강》 한형조 외, 21세기 북스, 2013년

《임하필기》 이유원

《정약용과 그의 형제들》 이덕일, 다산초당, 2012년

《조선말 속담분류사전》 김영철, 연변인민출판사, 1998년

《조선의 뒷골목 풍경》 강명관, 푸른역사, 2003년

《조선상고사》 신채호, 종로서원, 1948년

《조선시대 한일관계사연구》 손승철, 지성의 샘, 1994년

《조선왕비실록》 신명호, 역사의 아침, 2007년

《조선왕조실록》

《조선족 전통문화 풍속 이야기》 박용일, 연변교육출판사, 2014년

《지방행정 지명사》 내무부, 1982년

《척주지》 허목

《충렬록》 홍세태, 조선 후기

《택리지》 이중환

《통찰》 최재천, 이음, 2012년

《한국독립운동사》 국사편찬위원회, 1970년

《한국명산기》 김장호, 평화출판사, 1993년

《한국의 민담》 임동권, 서문당, 1972년

《한국의 불교설화》 김영진 엮음, 삶과 벗, 2010년

《한국인의 문화유전자》 한국국학진흥원, 아모르문디, 2012년

《해동역사》 한치윤, 조선 후기

《해동이적》 홍만종, 조선 중기

경기도 각 시·군 문화원 홈페이지

경기도청 및 각 시·군청 홈페이지

우리 산하에 인문학을 입히다
이야기 길 따라 걷는 시간 여행

초판 1쇄 발행 2019년 10월 1일

지은이 홍인희
발행인 박영규
총괄 한상훈
편집장 김기운
기획편집 김혜영 정혜림 조화연 디자인 이선미 마케팅 신대섭

발행처 주식회사 교보문고
등록 제406-2008-000090호(2008년 12월 5일)
주소 경기도 파주시 문발로 249
전화 대표전화 1544-1900 주문 02)3156-3681 팩스 0502)987-5725

ISBN 979-11-5909-974-8 03900
책값은 표지에 있습니다.